장사의 기술

염혜단이
알려주는

자영업자
생존전략

장사의 기술

염혜단 지음

프롤로그

나는 왜 이 책을 쓰게 되었는가

프롤로그

나는 왜 이 책을 쓰게 되었는가

나는 장사를 너무 몰랐다.
지금 생각해 보면 부끄럽고도 아찔하다.
잘 다니던 회사를 그만두고, 주변 지인들의 말 한마디에 프랜차이즈 고깃집을 시작했다.
장사 경험도 없었고, 프랜차이즈에 대한 이해도 없었지만, '남들도 하니까 나도 할 수 있겠지'라는 막연한 자신감이 나를 움직였다. 지금 돌이켜보면 그때의 나는 장사를 먹고사는 수단이 아니라 꿈꾸는 무대로 착각하고 있었는지도 모른다.

난 20년 전 역삼동 오피스 상권에 고깃집을 오픈했다. 초반엔 제법 손님이 많았고, 주변에서도 '장사 잘된다'라는 얘기를 종종 들었다. 하지만 이상하게도 통장은 늘 비어 있었고, 마음은 지칠 대로 지쳐갔다. 강남에서 수없이 가게를 옮겨 다니며 텃세를 부리던 주방 이모님들, 알바비도

겨우 줄 만큼의 수익 구조, 일하면서도 나 자신을 초라하게 느껴야 했던 많은 날들. 특히 회식하러 온 직장인들 사이에서 고기를 서빙하던 그 밤의 내 모습은 지금도 선명히 기억난다. 그렇게 나는 점점 '왜 나는 장사를 시작했을까?'라는 회의감과 함께 무너지고 있었다.

함께 시작했던 지인들과의 갈등은 극에 달했고, 결국 2년도 안 돼서 폐업을 결심했다. 장사는 절대 열정만으로 되지 않는다는 것을 뼈저리게 깨달은 시간이었다. 그 후, 나는 치킨 프랜차이즈 본사에 취업했다.

고깃집을 운영할 때 광고비가 없어서 아무것도 할 수 없었는데 내가 입사한 치킨 프랜차이즈 본사는 그 당시에도 꽤 오래된 가맹본사로 가맹점 개수도 상당히 많았다. 가맹점과 본사에서 모아 놓은 마케팅 예산도 꽤 있었다. 가맹점을 모집하기 위해 스포츠 신문 등에 광고를 내곤 했다. 내 매장을 운영할 때 단돈 300만 원이 없어서 하지 못했던 광고 홍보 업무를 취업한 직장에서 이것저것 시도해 보면서 너무 행복했다.

그 이후 날 믿고 많은 업무를 맡겨주신 회장님 덕분에 나는 늘 과장급 임원이라는 얘기를 들으며 재미있게 많은 일을 했다. 그 결과 한 회사에 15여 년을 다녔다. 또한 프랜차이즈 업계 최초 평사원 출신 여성 임원이라는 타이틀도 가졌다. 업무 영역도 홍보 마케팅뿐 아니라 교육, 경영 기획, 영업 관리 등 프랜차이즈 본사의 모든 업무에 걸쳐 중추적인 역할을 담당했다.

틈만 나면 마케팅 공부와 프랜차이즈 전문가가 되기 위해 관련 교육이

란 교육은 전부 받으며 실무 경험과 이론을 함께 겸비했다.

  또한 전국을 돌며 많은 가맹점을 교육했다. 그러면서 자연스럽게 현장의 소리와 실전 사례를 쌓았다. 그렇게 나는 매일매일 즐거운 마음으로 출근했고 열정적이고 적극적으로 회사 생활을 했다.

  퇴사 후 떡볶이 프랜차이즈 본사에 잠시 근무한 뒤 바로 내 이름을 걸고 프랜차이즈 마케팅 회사 〈염원컴퍼니〉를 개업했다. 프랜차이즈 본사를 자문하는 일을 하면서 정부 지원사업으로 자영업자들을 교육하고 컨설팅하는 일을 하며 최근 2년을 보냈다.

  이 책을 쓰면서 누구보다도 열정적으로 열심히 살아온 나의 30대, 40대가 주마등처럼 펼쳐지는 것 같다. 나는 일하는 게 너무 즐겁고 재미있어서 40살이 돼서야 결혼했다. 늦은 나이 결혼으로 인해 힘들게 아이를 가졌으나 노산에도 불구하고 쉬지 않고 일하는 바람에 2번이나 유산을 하는 경험까지 했다. 평범하게 가정을 꾸리며 자녀들을 양육하는 엄마로서의 삶은 살지 못했지만 보수적인 외식 프랜차이즈 시장에서 남자들과 떳떳이 경쟁하며 맹렬하게 일했던 나의 청춘을 나는 너무나 사랑하고 그 시간이 있었기에 지금 내가 있어 감사하고 자랑스럽다.

  나는 20여 년을 외식업계에 종사하며 최전방에서 수많은 자영업 사장님의 흥망성쇠를 지켜보았다. 가게를 시작한 지 1년 만에 폐업을 결정하는 사장님, 대출받아 운영하다가 결국 손을 놓는 사장님, 직원과의 갈등, 매출 정체, 끝없는 마케팅 고민으로 밤잠을 설치는 사장님을 보았다. 나는 이 책이 그런 실패를 막아주는 작은 길잡이가 되기를 바란다.

그동안 나는 같은 질문을 수도 없이 들었다.
"매출이 오르지 않아요. 도대체 왜 그럴까요?"
"남는 게 없어요. 계속해야 할까요?"
"배달을 시작할까요? 아니면 홀 운영에 집중해야 할까요?"
"SNS 홍보는 도대체 어떻게 해야 하나요?"
"직원을 어떻게 관리해야 하는지 막막해요."

이 질문들은 단순한 고민이 아니라, 매출과 직결되는 중요한 문제이다. 많은 사장님은 이 질문에 대한 답을 찾지 못한 채, 막연한 기대만으로 가게를 시작한다. 나는 누구보다 이들의 마음을 잘 안다. 첫 가게를 열던 날, 사장님들이 느꼈을 설렘과 기대, 그리고 점점 쌓여가는 불안과 두려움까지. 좋은 상권을 찾고, 멋진 인테리어를 하고, 최상의 재료로 음식을 만들어도 매출이 오르지 않으면, 대부분의 사장님은 처음으로 장사를 너무 쉽게 생각했다는 것을 깨닫는다.

많은 사람이 착각한다.
"좋은 물건을 팔면 손님이 알아서 찾아올 거야."
"맛만 있으면 단골이 생기겠지."
"내 정성을 알면 고객이 자연스럽게 올 거야."

현실은 다르다. 맛있어도 망하는 가게가 있고, 평범한 음식으로 대박을 내는 가게가 있다. 손님이 끊이지 않는 가게와 텅 빈 가게의 차이는 운이 아니라 전략에서 나온다.

나는 성공하는 사장님과 실패하는 사장님의 차이를 누구보다 많이 지켜봤다. 성공하는 사장님들은 문제를 분석하고 해결책을 찾는다.
"매출이 떨어졌다면, 고객 리뷰를 다시 분석해 봐야 해."
"손님이 줄었다면, 트렌드가 변한 건 아닌지 체크해야지."
"가격을 낮추는 게 아니라, 가치를 높이는 게 중요해."

반면 실패하는 사장님들은 환경 탓만 한다.
"요즘 경기가 안 좋아서 그래."
"손님들이 원래 까다로운 거야."
"그냥 열심히 하면 되겠지."
"우리 매장만 그런 게 아니야 다들 장사 안된다던데"라고 하며 하루하루를 보낸다.

외식업은 매일 현금이 들어오기 때문에 사장님들은 폐점 직전까지 큰 문제의식을 느끼지 못한다.

나는 15여 년간 1,000여 명의 가맹점주님들을 지켜봤고. 폐점을 하나하나 지켜 보았다. 최근 2년간 100여 명의 자영업 사장님들을 컨설팅하면서, 전 재산에 빚까지 내어 장사를 하면서도 무엇을 어떻게 해야 할지 몰라 하루하루 자포자기하는 심정으로 매장에서 무표정하게 앉아 있는 많은 자영업 사장님을 만났다.

지켜보는 내내 무척 안타까웠고 남의 일 같지 않았다. '이런 기본적인 것만 알아도 실패하지 않았을 텐데.'라고 생각하며 나의 20여 년 외식업에서 쌓은 지식과 실무 경험, 그리고 많은 사례를 홀로 외롭게 온몸으로 하루하루를 버티는 많은 자영업 사장님과 함께하고자 이 책을 쓰기로 결심했다.

이 책은 단순한 창업 지침서가 아니다. 현장에서 경험한 실전 장사의 기술을 정리한 책이다. 내가 30대 초반에 고깃집을 창업했다가 망할 수밖에 없었던 이유. 그리고 치킨 프랜차이즈 본사에서 15여 년 동안 가맹점 사장님들과 매출에 대해 치열하게 고민했던 사례들. 또 업종도 다르고 지역, 나이, 매출 규모 등 모든 상황이 다른 100여 명의 자영업 사장님들을 직접 찾아가 만나면서 느꼈던 감정들을 생생하게 담았다.

이 책을 통해 여러분은 다음과 같은 내용도 알게 된다.
- 매출을 극대화하는 가격 전략 & 프로모션 공식
- 손님이 다시 찾게 만드는 고객 응대법 & 서비스 원칙
- 광고비 없이 홍보하는 SNS · 배달 마케팅 노하우
- 돈이 새는 곳을 막고, 순이익을 높이는 숫자 경영법
- 성공하는 사장님들의 마인드와 운영 노하우

나는 믿는다.
장사는 결코 운으로 되는 일이 아니다.

장사는 전략이고, 분석이고, 실천이다.
그리고 그 기술은 반드시 배워야만 하는 '생존의 언어'다.

이제, 함께 망하지 않는 장사의 기술을 익혀보자.
그 누구보다 치열하게 실패했고, 누구보다 오랫동안 지켜봤던 내가 전하는 이야기다.

목차

프롤로그
나는 왜 이 책을 쓰게 되었는가 •4

제1장

장사의 승패는 시작 전에 결정된다
#장사의기본 #창업준비 #데이터경영

---

01 장사는 운이 아니라 전략이다
감이 아닌 데이터로 창업해라 •20
고객이 원하는 것을 파는 가게가 결국 이긴다 •23
처음부터 완벽하려고 하지 마라, 작게 시작해 크게 살아 남아라 •25

02 10년 가는 가게는 시작부터 다르다
창업 비용을 줄이는 똑똑한 3가지 전략 •28
감성·동선·공간 효율이 진짜 인테리어다 •30
트렌드는 쫓는 게 아니라, 만드는 것이다 •32

03 돈 되는 상권을 골라라
상권보다 먼저 봐야 할 것은 '소비 패턴'이다 •35
상권보다 강한 한 가지, USP가 답이다 •37
월세가 싸다고 좋은 자리는 아니다 •39
돈 되는 상권은 단골이 만든다 •41

04 업종 선택이 승부를 가른다
요즘 잘나가는 거 말고, 나랑 맞는 걸 골라라 •44
요즘 잘나간다? 그래서 곧 사라질지도 모른다 •46
수익보다 먼저, 나의 삶과 맞는 업종을 찾아야 한다 •48

제2장

팔리는 구조는 따로 있다

#장사의설계 #메뉴전략 #심리마케팅

---

01 가격을 올려도 고객이 만족하는 마법의 공식
손님이 지갑을 여는 건 '가격'이 아니라 '가치'다	• 52
비싸도 괜찮아, 값어치만 있다면	• 54
고객이 납득하는 가격 인상은 따로 있다	• 56

02 매출을 2배로 만드는 프로모션 기획법
매출을 2배로 만드는 건 '타깃·타이밍·한정성'이다	• 59
할인 없이 매출 올리는 진짜 기술	• 62
감으로 프로모션 하지 마라	• 64

03 고객을 유혹하는 심리 마케팅
매출을 올리는 '희소성 마케팅'의 힘	• 67
고객은 물건이 아니라, 스토리를 산다	• 69
앵커링과 디커플링, 가격 심리를 설계하라	• 72

04 브랜드를 만들면 장사가 쉬워진다
오래 가는 가게는 브랜드를 만든다	• 74
손님은 맛보다 '이야기'를 기억한다	• 77
손님을 끌어당기는 브랜드의 조건	• 79

제3장

고객이 알아서 찾아오는 가게의 비밀

#장사의기술 #단골공식 #브랜드감성

01 줄 서는 가게엔 반드시 이유가 있다
| 고객이 '값어치 있다'고 느끼는 가격의 기술 • 82
| 손님이 더 사게 만드는 세트 구성의 기술 • 85
| 시그니처 메뉴 하나가 가게의 운명을 바꾼다 • 88

02 첫인상이 매출을 결정한다
| 손님은 간판 보고 들어온다 • 91
| 주문은 빠르게, 객단가는 높게 만드는 메뉴판 구성법 • 93
| 어서 오세요'가 진심이면, 손님은 다시 온다 • 96

03 단골은 만드는 게 아니라 쌓는 것이다
| 단골을 넘어 팬으로, VIP 고객이 가게를 키운다 • 100
| 서비스도 맛처럼 보이고 느껴져야 한다 • 103

제4장

혼자 하는 장사는 없다

#팀워크장사 #서비스시스템 #사람이전부다

01 초보 사장도 쉽게 따라 하는 직원 관리법
  직원이 웃어야 가게가 산다 · 108
  오래 일하는 직원이 있는 가게는 이유가 있다 · 110
  직원이 나가는 이유도 따로 있다 · 112

02 직원이 성장하면 가게도 성장한다
  잘 가르치면, 누구든 좋은 직원이 된다 · 114
  직원이 '내 일처럼' 일하게 만드는 법 · 116
  알바생이 아니라, 함께할 동료로 만드는 법 · 118

03 오래 함께하는 팀 만들기
  일 잘하는 직원보다, 같이 일하기 좋은 직원 · 121
  직원이 문제일까? 기준 없는 가게가 문제일 수도 있다 · 123
  직원 충성도를 만드는 3가지 · 125

04 장사는 결국 '사람'이 하는 일
  모든 운영의 중심은 사람이라는 사실을 잊지 마라 · 128
  사람이 떠나면 매출도 떠난다 · 131

제5장

SNS와 배달에서 매출이 터진다
#온라인장사 #SNS마케팅 #배달브랜딩

01 돈 안 들이고 100% 효과 보는 마케팅
콘셉트가 확실하면 손님이 알아서 온다 • 134
SNS로 손님을 부르는 비밀 • 136
온라인 공간을 내 키워드로 점령하라 • 138

02 블로그·인스타그램·스마트플레이스 핵심 전략
블로그 글쓰기, 매출을 바꾸는 힘이 된다 • 141
인스타그램으로 알리고 소통하라 • 144
온라인 가게 '스마트플레이스'에 집중하자 • 146

03 고객이 자발적으로 가게를 홍보하게 만드는 법
돈 안 들이고 매출 올리는 SNS 마케팅 공식 • 149
팔로워 수는 숫자일 뿐, 진짜는 '소통력'이다 • 152
손님이 마케터가 되는 가게, 이렇게 설계한다 • 154

04 배달 매출 완벽히 올리는 법
매출을 만드는 배달 전략 • 157
팔리는 배달 메뉴에는 공식이 있다 • 159
재주문을 부르는 배달의 기술 • 161

05 테이크아웃 고객을 단골로 만드는 브랜딩 전략
들고 가는 순간, 브랜드가 된다 • 165
단골은 쿠폰이 만든다 • 166
테이크아웃 고객을 사로잡는 3초 마케팅 • 168

_____ 제6장 _____

장사에도 위기 매뉴얼이 필요하다

#위기대응 #장사체력 #생존의기술

01 손님이 줄어들면 반드시 점검해야 할 3가지
- 손님이 줄었다면, 가게 안을 먼저 들여다보라 · 172
- 손님이 줄어든 이유, 데이터가 알려준다 · 174
- 장사가 주춤할 때, 가장 먼저 바꿔야 할 3가지 · 176

02 클레임은 위기가 아니라 기회다
- 불만 고객이 다시 찾아오게 만드는 응대의 기술 · 179
- 불만을 감동으로: 손님을 다시 오게 만드는 기술 · 181
- 클레임이 기회다: 단골을 만드는 사장의 한마디 · 185

03 장사가 잘될 때 더 조심해야 하는 이유
- 방심은 금물! 장사가 잘될 때 반드시 점검해야 할 3가지 · 188
- 성공이 독이 되는 순간: 장사가 잘될 때 더 무서운 이유 · 192
- 잘될수록 더 바꿔야 산다: 변화를 멈춘 가게는 곧 잊힌다 · 194

04 위기 때는 냉정해야 살아남는다
- 장사가 어려워지면 매출 하락 원인을 먼저 분석하라 · 197
- 감정적으로 가격을 내리거나 무리한 프로모션을 하지 마라 · 199
- 위기 대응 매뉴얼을 만들어 위기 때 즉시 실행하라 · 200

제7장

결국, 장사는 살아남는 것이다

#지속경영 #브랜드철학 #숫자의힘

01 사장이 꼭 알아야 할 '숫자 경영법'
- 매출이 높아도 적자 나는 4가지 이유 · 204
- 장사는 '얼마나 남느냐'가 전부다 · 206
- 손익분기점, 현금 흐름, 부채 관리가 사장의 무기다 · 208
- 장사는 결국 '버틸 힘'이 이긴다 · 210

02 전략이 있는 가게는 오래 살아 남는다
- 점심 2시간, 전략이 매출을 결정한다 · 214
- 경험, 공간, 술이 어우러진 저녁 장사의 전략 · 216
- 한 번 온 손님을 충성 고객으로 만드는 스타벅스의 7가지 전략 · 218

03 1년 장사 vs. 10년 장사, 무엇이 다를까
- 단기 매출이 아닌 장기 고객 관리가 생존을 결정한다 · 221
- 트렌드에 적응하고 배우는 사장이 결국 살아남는다 · 224
- 마케팅은 단기적인 비용 투입이 아니라, 장기적인 투자다 · 228
- 장사꾼이 아닌, 사업가의 마인드로 10년 시스템을 구축하라 · 229

부록

01 염혜단이 알려주는 망하지 않는 장사의 기술 11가지 · 234

02 장사 시작 전에 꼭 알아야 할 6가지 실무의 기술 · 240

에필로그
망하지 않는 가게를 꿈꾸며 · 262

1장

장사의 승패는
시작 전에 결정된다

1장

1-1 장사는 운이 아니라 전략이다

감이 아닌 데이터로 창업해라

장사를 시작할 때 많은 사람이 '감'을 믿는다.

'이 거리엔 이동 인구가 많으니까, 가게를 열면 잘될 거야', '이 메뉴는 내가 정말 좋아하는 음식이니까 손님들도 좋아하겠지?'라고 생각한다. 하지만 막연한 감으로 시작한 가게는 뜻밖의 벽을 만나기 쉽다. 장사를 제대로 하고 싶다면 감이 아니라 데이터를 봐야 한다. 감은 틀릴 수 있지만, 숫자는 거짓말을 하지 않는다.

작년에 컨설팅했던 찜닭 배달 전문점 김 사장님도 처음엔 감을 믿고 시작했다. '이 동네는 아파트 단지가 커서 인구가 많으니 배달 수요가 엄청날 거야'라고 막연하게 생각했다. 그는 상권분석이나 배달 데이터를 확인하지 않고 가게를 열었다. 그런데 몇 개월이 지나도 주문이 생각만큼 들어오지 않았다. 이유를 찾아보니 이 동네는 신혼부부와 1인 가구가 많았다.

큰 찜닭 한 마리보다는 간편하게 먹을 수 있는 도시락이나 치킨이 훨씬 인기가 많았다. 더군다나 이미 유명 치킨 브랜드들이 시장을 장악하고 있었다. 결국 김 사장님은 초기 투자금을 회수하지 못하고 어려움을 겪고 있었다. 창업을 준비할 때 시장조사와 데이터 분석을 제대로 했다면 이런 실수는 피할 수 있었을 것이다.

그렇다면, 데이터를 어떻게 활용할까? 장사는 운이 아니라 전략이다. 그리고 그 전략의 핵심에는 데이터가 있다. 다음과 같은 방법으로 데이터를 활용하면 성공 확률을 훨씬 높일 수 있다. 매장 오픈 전 네이버 지도, 소상공인상권분석시스템, 나이스비즈맵, 카카오맵, 망고 플레이트, 다이닝 코드, 오픈업과 같은 무료 시스템을 활용하면 해당 지역의 유동인구, 주요 고객층, 경쟁 업체 정보를 알 수 있다. 배달한다면 배달 플랫폼에서 해당 지역의 인기 메뉴, 주문 빈도, 피크 타임을 점검해 본다.

나아가 경쟁 업체의 메뉴 구성, 가격, 리뷰를 분석하면 시장 흐름을 읽는 데 도움이 된다. 일별, 시간대별 매출을 기록하면서 어떤 요인에 따라 매출이 변하는지도 분석해야 한다. 고객 리뷰, SNS 반응, 설문 조사 등을 통해 손님들이 원하는 것이 무엇인지 정확히 파악해야 한다.

우리 동네에서 장사가 잘되는 가게를 관찰하자. 어떤 시간대에 손님이 몰리는지, 어떤 메뉴가 인기 있는지, 어떤 프로모션을 진행하는지 분석해 보면 나만의 전략을 세우는 데 도움이 된다. 장사는 숫자로 말해야 한다. 장사는 절대 운에 맡기면 안 된다. 감이 좋다는 말보다 데이터를 보니 이렇게 해야 한다가 더 정확하다.

개그맨 출신 외식업자 고명환 대표는 대표적인 전략가이다. 〈메밀꽃이 피었습니다〉라는 브랜드로 외식업에 성공적으로 안착한 그는, 단순한 유명인 마케팅이 아닌 철저한 분석과 준비로 매장을 성장시켰다. 그는 방송 활동을 하며 생긴 인지도를 무기로 삼기보다는 더 중요한 '고객의 시선'을 파악하는 데 집중했다. 예컨대, 매장 앞을 지나가는 사람들의 이동 방향, 시선의 흐름, 혼자 오는 손님과 둘 이상이 오는 손님의 비율 등을 눈으로 관찰하고, 이를 표로 정리했다고 한다.

오픈 전부터 고 대표는 하루에도 수 차례 매장 앞을 서성이며 '고객이 어떻게 매장을 바라볼까'를 시뮬레이션했다. 간판의 각도와 색감, 유리창 너머로 보이는 내부 조명과 테이블 배열, 심지어 가게 앞에 사람들이 잠깐 멈춰 서는 포인트까지 계산했다. 실제로 그는 자신의 저서와 방송에서 "장사는 촉이 아니라, 숫자와 행동으로 답이 나온다"고 말한다.

이러한 집요한 분석은 메뉴 개발에도 이어졌다. 메밀국수라는 메뉴 하나를 고르는 데에도 단순히 '건강한 이미지니까' 정도가 아니라, 계절에 따른 회전율, 점심 매출 집중도, 객단가, 원재료 수급의 안정성, 조리 시간까지 고려해 메뉴를 기획했다. 그 결과, 〈메밀꽃이 피었습니다〉는 점심에 바쁜 직장인 고객층을 사로잡았고, 저녁에는 가볍게 식사하려는 여성 단골의 입맛을 저격하게 되었다.

이 이야기는 장사를 시작하려는 모든 이들에게 큰 교훈을 준다. 상권이 좋다고, 음식이 맛있다고 장사가 잘되지 않는다. 성공은 결코 우연이 아니라 반복되는 분석과 치밀한 전략에서 만들어진다. 고객의 눈으로 매장을 바라보고, 숫자의 흐름을 읽고, 피드백을 데이터화하는 습관이 바로 장사를 과학으로 만드는 첫걸음이다.

고객이 원하는 것을 파는 가게가 결국 이긴다

장사하면서 가장 중요한 것은 '내가 팔고 싶은 것'이 아니라 '고객이 원하는 것'을 파는 것이다. 많은 자영업자가 자신이 좋아하는 메뉴, 자신이 생각하는 서비스만 고집하다가 고객의 니즈를 놓쳐버린다. 고객의 기대를 정확히 이해하고, 맞춤형 서비스를 제공하는 가게가 살아남는다. 프랜차이즈 치킨을 운영하면서도 고객의 니즈를 반영하는 것이 가능하다. 가맹점주 최 사장님은 본사의 매뉴얼을 벗어나지 않는 범위에서 고객의 요청을 적극 반영했다.

매운 치킨을 주문하면서 더 맵게 해달라는 고객이 많다는 걸 알게 되자, 그는 매운 소스를 추가로 제공하거나 청양고추를 토핑으로 올려주는 방법을 시도했다. 포스기에 고객 취향을 기재해 두고, 특별히 언급하지 않아도 고객이 원하는 스타일로 맞춰주었다. 그리고 작은 메모 한 장을 남겼다. '고객님, 매운 음식 좋아하시는 것 같아서 특별히 매운 소스를 더 넣어드렸어요' 고객들은 이런 세심한 배려에 감동하고, 매운 치킨이 먹고 싶을 때 자연스럽게 이 매장을 떠올릴 것이다.

같은 브랜드의 치킨이라도 상권별 고객의 성향에 맞춰 차별화할 수 있다. 가족 단위 고객이 많은 지역에서는 '가족 세트'를 기획하고, 젊은 층이 많고 매운맛을 선호하는 곳에서는 기존 메뉴에 매운맛 옵션을 추가하는 것이 효과적이다. 이러한 작은 변화만으로도 고객들은 '이 가게만의 특별한 메뉴'라고 인식하게 되고, 자연스럽게 단골이 늘어난다.

그렇다면 고객이 원하는 서비스를 어떻게 찾아낼 수 있을까? 가장 쉬운 방법은 고객의 피드백을 적극적으로 듣는 것이다. 배달 앱 리뷰, SNS 댓글, 매장 방문 고객의 의견을 세심하게 살펴보면 개선할 부분이 보인다. 직접 고객과 대화를 나누거나, 테이블에 설문 내용을 QR코드로 만들어 설문 조사를 진행하는 것도 효과적이다. 많은 사장님이 장사하다 보면 고객과 소통할 시간이 부족하다고 생각하지만, 작은 피드백 하나가 매출을 바꾸는 중요한 열쇠가 될 수 있다.

단골의 주문 패턴을 분석하는 것도 좋은 방법이다. 어떤 고객이 어떤 메뉴를 자주 주문하는지 기록하고, 해당 고객이 방문할 때마다 맞춤형 서비스를 제공하면 고객은 특별한 대접을 받고 있다고 느낀다. 예를 들어, 특정 손님이 항상 '순한 맛' 치킨을 주문한다면, 주문받을 때 "항상

순한 맛을 드셨는데, 오늘도 같은 걸로 준비해 드릴까요?"라고 물어보는 것만으로도 고객은 감동한다. 이런 작은 차별화가 결국 가게를 기억에 남게 만들고, 충성 고객을 확보하는 데 중요한 역할을 한다.

장사는 결국 고객이 원하는 방향으로 흘러간다. 같은 브랜드의 가맹점이라도 고객의 니즈를 반영하고 차별화 전략을 도입하는 매장은 성공할 확률이 높다. '내가 팔고 싶은 것'이 아니라 '고객이 원하는 것'을 제공할 때, 고객은 자연스럽게 가게를 찾아오고 단골이 된다. 고객과의 소통을 지속하고, 데이터를 기반으로 맞춤형 서비스를 제공하면 경쟁 업체보다 한발 앞서갈 수 있다. 가게를 운영하는 사장님이라면, 지금이라도 고객의 의견을 듣고 작은 변화부터 시작해 보자. 고객이 원하는 것을 제공하는 것이기에 가장 강력한 마케팅 전략이 된다.

처음부터 완벽하려고 하지 마라, 작게 시작해 크게 살아 남아라

장사할 때 한 번에 완벽한 모델을 만들겠다는 생각은 위험하다. 완벽한 준비보다 중요한 것은 작게 시작하고, 검증하고, 수정하며 개선해야 한다. 작은 성공을 쌓아가며 방향을 잡는 것이 장기적인 생존을 가능하게 한다.

내가 아는 카페 사장님은 오픈 전부터 인테리어, 고급 원두, 최첨단 머신 등 큰 비용을 들여 완벽한 공간을 만들었다. '이 정도 퀄리티면 손님이 몰려올 거야'라고 생각했지만, 현실은 달랐다. 고객들이 찾는 것은 화려한 공간이 아니라, 편안한 분위기와 합리적인 가격이었다. 고정비 부담이 커지면서, 결국 그는 몇 달 만에 폐업을 고려해야 했다.

반면, 반찬가게를 운영하는 정 사장님은 다르게 접근했다. 처음부터 큰 매장을 내는 대신, 온라인에서 소규모로 주문받아 운영하며 고객 반응을 살폈다. 고객들의 요청이 많았던 메뉴를 중심으로 라인업을 구성했고, 젊은 신혼부부와 자취생이 많았던 지역 특성을 분석하고 고객들의 선호도를 고려해 자취생을 위한 엄마표 반찬 세트를 추가했다. 이런 방식을 점진적으로 고객과 소통하면서 개선하며 신뢰를 쌓았고, 1년 뒤에는 상도동 대학가에 직접 오프라인 매장을 열어 안정적인 운영을 이어가고 있다.

그렇다면 어떻게 작은 성공을 쌓아가면서 사업을 성장시킬 수 있을까? 처음부터 모든 서비스를 제공하려 하지 말고, 기본적인 메뉴나 서비스를 먼저 운영하며 고객 반응을 살핀다. 그 후 고객의 요청과 반응을 데이터로 정리하고, 가장 많이 요구되는 사항을 개선 포인트로 삼고 안정적으로 운영되면, 새로운 서비스나 메뉴를 점진적으로 추가한다.

장사는 한 번에 완벽할 수 없다. 대신 작은 성공을 쌓아가며 방향을 조정하고, 실패를 최소화하는 그것이 중요하다. 처음부터 모든 것을 완벽하게 하려 애쓰기보다는 작게 시작하여 검증하고, 고객의 니즈에 맞춰 수정하며 개선하는 그것이 장사의 핵심 전략이다.

 **가슴에 새겨야 할 장사의 원칙**

- 장사는 감이 아니라 기술이다.
- 느낌에 기대지 말고, 반드시 데이터와 전략으로 움직여라.
  숫자는 절대 거짓말하지 않는다.

1장

1-2 10년 가는 가게는 시작부터 다르다

창업 비용을 줄이는 똑똑한 3가지 전략

창업 비용을 효과적으로 줄이는 방법 중 하나는 중고 장비 활용이다. 무조건 새 장비를 사야 한다는 고정관념을 버리면 초기 투자 비용을 상당히 절감할 수 있다. 한 베이커리 카페 창업자는 새 오븐 대신, 상태가 좋은 중고 오븐을 구매해 50% 이상의 비용을 절약했다. 결과적으로 그 비용을 좋은 원재료 구매에 투자할 수 있었고, 고객들은 품질 좋은 빵에 만족하며 단골이 되었다. 비슷한 방식으로, 주방 설비나 냉장고, 쇼케이스 등도 중고 시장을 잘 활용하면 비용을 아끼면서도 좋은 성능을 갖춘 장비를 사용할 수 있다. 가성비를 고려한 합리적 투자는 장기적으로도 중요한 요소다. 인테리어나 가구를 선택할 때도 꼭 비싼 자재가 아니어도 멋스럽고 실용적인 분위기를 연출할 수 있다.

한 분식집 사장님은 불필요한 장식 요소를 줄이고, 테이블과 의자는 내구성이 좋은 중저가 제품을 선택해 초기 비용을 낮췄다. 덕분에 중요한 초기 마케팅 비용에 더 투자할 수 있었고, 고객 만족도가 높아지면서 자연스럽게 매출도 증가했다. '장사는 돈을 어디에 쓰느냐가 아니라, 어디에서 아끼느냐에 따라 성패가 갈린다'라는 말처럼, 전략적인 비용 절감이 성공의 핵심이다.

정부 지원 프로그램을 적극 활용하는 것도 좋은 방법이다. 창업 지원금, 저금리 대출, 교육 프로그램 등 다양한 지원이 있다. 나는 2년간 신용보증재단에서 '업종 닥터'를 하면서 다양한 자영업 지원 프로그램을 접했다. 세무, 노무, 마케팅, 메뉴 개발 등 모든 분야에서 전문가들에게 무료 컨설팅을 받을 수도 있다. 컨설팅 후에는 저금리 대출, 간판 및 인테리어 비용, 마케팅 비용 지원, 스마트기기 도입을 위한 지원 등 다양한 지원 제도가 있었고 많은 자영업자가 혜택을 보고 있었다.

창업 전 지원 가능성을 꼼꼼히 따져보는 것이 불필요한 지출을 막는 데 큰 도움이 된다. 또한, 위에서 언급한 것처럼 지방자치단체나 관련 기관에서 제공하는 창업 컨설팅과 시설 지원 프로그램도 적극적으로 알아볼 필요가 있다. 이러한 지원을 활용하면, 창업 초기에 자금 부족으로 어려움을 겪지 않고 보다 안정적인 환경에서 사업을 시작할 수 있다. 무조건적인 절약이 아니라, 장기적인 성공을 위한 전략적인 비용 절감이 필요하다.

중고 장비 활용, 가성비 높은 투자, 정부 지원 활용 같은 방법을 똑똑하게 활용하면 품질을 유지하면서도 효과적으로 창업 비용을 줄일 수 있다. 중요한 것은 비용을 줄이면서도 가게의 본질을 지키는 것이다. 이것이 현명하게 장사하는 방법이다.

감성·동선·공간 효율이 진짜 인테리어다

많은 창업자가 창업 시 인테리어에 과도한 비용을 쓴다. 비싼 인테리어가 아닌, 고객이 머물고 싶어 하는 분위기를 만드는 것이 핵심이다. 단순히 고급스러운 가구와 비싼 자재를 사용한다고 해서 고객이 오래 머물고 싶은 공간이 되는 것은 아니다. 오히려 적절한 조명, 공간 배치, 그리고 편안한 동선이 더 중요한 요소가 될 수 있다. 예를 들어, 한 작은 카페 창업자는 고급 가구 대신 따뜻한 조명과 적절한 공간 배치를 활용해 아늑한 분위기를 연출했다. 덕분에 고객들은 커피 맛뿐만 아니라 '여기 있으면 기분이 좋다'라는 느낌을 받았고, 자연스럽게 단골이 되었다.

공간 효율을 고려하는 것도 중요하다. 자리가 많다고 무조건 좋은 것이 아니다. 오히려 좌석을 과하게 배치하면 동선이 불편해지고 고객들이 이동하는 데 어려움을 겪을 수 있다. 한 돈가스 가게는 좌석 수를 줄이는 대신 바 테이블을 배치해 혼밥 손님들도 편하게 식사할 수 있도록 했다. 결과적으로 회전율이 높아졌고, 혼자 와서 간단히 먹고 가는 직장인 고객이 증가하면서 매출이 꾸준히 유지됐다. 공간을 적절히 활용하는 것은 단순히 좌석 배치뿐만 아니라, 고객의 이동 경로나 대기 공간, 계산대 위치까지 고려해야 한다. 예를 들어, 계산대와 출입구를 너무 가깝게 배치하면 손님들이 출입할 때 혼잡함을 느낄 수 있다. 반면, 대기 공간을 마련하거나 고객이 자연스럽게 동선을 따라 이동할 수 있도록 설계하면 공간 활용도가 높아진다. 요즘 잘되는 가게들은 오히려 테이블을 줄이고 고객을 줄 서게 한다.

감성 마케팅을 활용한 인테리어도 효과적이다. 최근에는 단순히 음식을 먹는 공간이 아니라, 사진을 찍고 공유하는 문화가 정착되면서 '인스타 감성'이 중요한 요소가 되었다. 한 디저트 카페는 벽 한 켠을 포토존으로 꾸며 고객들이 자연스럽게 사진을 찍고 SNS에 올리도록 유도했다. 특별한 마케팅 비용 없이도 고객들이 자발적으로 홍보해 주면서 매출이 상승했다. 이런 포토존은 단순히 예쁜 공간으로 만드는 것만을 의미하는 게 아니다. 가게의 브랜드 아이덴티티와 연결되는 디자인으로 구성하는 것이다. 예를 들어, 특정 색감이나 로고를 강조한 벽을 만들면 고객들이 자연스럽게 브랜드를 기억하게 된다. 또한, 조명이나 거울을 활용하면 고객들이 셀카를 찍기 더 좋은 환경을 조성할 수 있어 참여율이 높아진다.

창업 비용을 줄이면서도 효과적인 인테리어를 하기 위해서는 고객 입장에서 무엇이 중요한가를 먼저 고민해야 한다. 불필요한 장식보다 머물고 싶은 분위기, 동선이 편한 공간, 그리고 감성을 자극하는 요소들이 더 큰 효과를 발휘한다. 또한, 유지보수 비용까지 고려해 장기적으로 효율적인 인테리어를 계획하는 것이 중요하다. 예를 들어, 나무 소재의 테이블과 의자는 따뜻한 분위기를 연출할 수 있지만, 관리가 어렵고 오염이 쉽게 되는 단점이 있다. 반면, 관리하기 쉬운 소재를 사용하면 장기적으로 유지보수 비용을 줄일 수 있다.

무조건 돈을 많이 들인다고 좋은 것이 아니다. 핵심은 고객이 체감할 수 있는 변화에 집중하는 것이다. 창업 초기에는 예산이 한정되어 있기 때문에 비용 대비 효과를 극대화할 수 있는 선택을 해야 한다. 공간의 기능성과 고객 경험을 우선순위에 두고 설계하면, 비싼 인테리어 없이도 충분히 경쟁력 있는 매장을 만들 수 있다. 고객들이 편안하게 머물고 싶어 하며, 다시 방문하고 싶어지는 환경을 만드는 것이 성공적인 인테리어의 핵심이다.

트렌드는 쫓는 게 아니라, 만드는 것이다

장사를 오래 하는 사람과 이제 막 시작하는 사람의 가장 큰 차이는 '트렌드를 바라보는 시각'이다. 초보 사장들은 유행을 쫓아 급하게 변화를 시도하지만, 베테랑들은 시장을 읽고 트렌드를 직접 만들어간다. 고객의 니즈를 정확히 파악하고 선제적으로 대응하는 것이 장기적인 성공을 만든다.

디저트 카페를 운영하는 한 사장님은 SNS에서 인기 있는 메뉴를 따라가며 매장을 운영했다. 한동안 버블 와플이 유행하자 이를 도입했고, 얼마 지나지 않아 마카롱이 뜨자 또다시 메뉴를 변경했다. 이후에도 크로플, 바스크 치즈케이크 등 그때마다 유행하는 디저트를 빠르게 도입했다. 하지만 결과는 기대와 달랐다. 트렌드를 따라가는 사이 브랜드 정체성이 사라졌고, 고객들은 이곳만의 특별한 이유를 찾지 못했다. 그저 유행하는 메뉴를 파는 또 하나의 디저트 가게로 인식될 뿐이었다. 결국, 고객 충성도가 낮아지고 장사는 점점 어려워졌다.

반면, 한식당을 운영하는 김 사장님은 다르게 접근했다. 기존 전통 메뉴를 유지하되, 고객 반응을 살펴 신선한 변화를 시도했다. 젊은 고객층이 가볍게 한 끼를 해결하려는 경향을 보이자, '한식 덮밥'이라는 콘셉트를 개발했다. 메뉴를 단순히 바꾸는 것이 아니라, 식사 시간을 줄이고도 건강하고 든든한 한 끼를 즐길 수 있도록 구성했다. 이후 이를 사진 찍을 시각적인 토핑을 추가한 후 SNS에 적극적으로 홍보하면서 '빠르고 건강한 한식'이라는 브랜드 정체성을 확립했다. 결과적으로 새로운 트렌드를 주도하며 단골층이 두터워졌고, 경쟁 매장보다 빠르게 성장할 수 있었다.

시장 흐름을 읽으면서 장기적인 트렌드를 예측해야 한다. 인기 메뉴만을 따라가기보다는 우리 매장만의 차별점이 무엇인지를 고민해야 한다. 트렌드를 쫓는 것은 단기적인 매출 상승에는 도움이 될 수 있지만, 장기적으로 브랜드의 차별성을 잃게 만든다. 자영업을 하는 사장님들에게 SNS 운영은 필수다. 고객과 꾸준히 소통하며 직접 유행을 만들 기회를 잡아야 한다. 손님이 좋아하는 요소를 관찰하고, 우리 브랜드만의 스토리를 만들어가야 한다.

또한, 트렌드는 소비자의 행동 패턴 변화와도 연결되어 있다. 예를 들어, 최근 몇 년 동안 '건강한 음식'이 강조되는 트렌드는 소비자 인식 변화에서 비롯되었다. 이러한 흐름을 읽어야 매장이 오래 살아남을 수 있다. 단기적인 유행을 따르는 것이 아니라, 고객들이 지속적으로 원하는 가치를 제공하는 것이 중요하다. 베테랑 사장들은 남들이 흘러가는 유행을 쫓지 않고, 자신의 브랜드에 맞는 트렌드를 직접 만든다.

고객이 주도적으로 찾게 만들려면 유행을 소비하는 입장이 아니라, 시장을 선도하는 입장이 되어야 한다. 장사에서 성공하려면 트렌드를 읽고, 자신만의 색깔을 만들어야 한다. 트렌드는 쫓는 것이 아니라 만드는 것이다. 소비자의 니즈를 반영하고 차별성을 구축하는 그것이야말로 진정한 성공 전략이다.

 가슴에 새겨야 할 장사의 원칙

- 처음부터 매출보다 '지속'을 설계하라.
- 10년 가는 가게는 방향이 아니라, '기초'에서 갈린다.

1-3 돈 되는 상권을 골라라

상권보다 먼저 봐야 할 것은 '소비 패턴'이다

많은 사람들이 장사를 시작할 때 유동 인구가 많은 곳이면 무조건 성공할 거로 생각한다. "하루에 수만 명이 오가는 핫플레이스면 장사가 안 될 수가 없지"라고 말하는 사람도 많다. 그러나 길에 사람이 아무리 많아도, 내 가게에 관심이 있는 사람이 아니면 그 숫자는 의미가 없다.

예전에 컨설팅했던 사장님이 있었다. 번화가 대로변에 2층짜리 건물을 임대해 프리미엄 수제버거 가게를 열었다. 유동 인구만 보면 완벽한 자리였다. 점심이면 직장인들이 쏟아져 나오고, 저녁이면 젊은 층이 북적이는 곳이었다. 하지만 장사를 시작하자 예상과 다르게 손님이 잘 안 들어왔다. 처음엔 홍보가 부족해서 그런가 싶었는데, 시간이 지나도 상황이 나아지지 않았다. 왜 그랬을까? 가장 큰 문제는 이 지역 소비 패턴과 맞지 않았다는 점이다.

근처 직장인들은 점심시간에 빠르게 한 끼 해결하는 걸 원했다. 하지만, 이 가게의 수제버거는 주문 후 15분은 기다려야 나왔고, 가격도 주변 식당들보다 훨씬 비쌌다. 30분 안에 점심을 먹고 나가야 하는 직장인들 처지에서는 이곳보다 국밥집이나 분식집이 더 현실적인 선택지였다. 두 번째 문제는 타깃층이 많지 않았다는 점이다. 사장님은 "근처에 젊은 직장인도 많고 외국인도 자주 보이니까 프리미엄 버거가 잘될 거로 생각했다"고 말했다. 하지만 실상은 달랐다. 낮에는 직장인들이 바쁘게 움직이고, 저녁에는 간단히 술 한잔하려는 사람이 많았다. 제대로 된 저녁을 즐기려는 고객층이 아니라, 간단한 안주나 저렴한 한 끼를 원하는 사람들이 대부분이었다. 결국 비싼 수제버거는 선택받지 못했다.

이런 실수는 프랜차이즈 창업에서도 자주 발생한다. 치킨 프랜차이즈 점주 중 한 분은 역세권 대로변에 가게를 냈지만 배달 매출이 예상보다 많이 나오지 않았다. 이유는 간단했다. 역세권은 출퇴근하는 직장인과 학생들의 이동 경로일 뿐, 실제 거주 인구가 적었다. 배달이 잘되는 곳은 주거 밀집 지역인데, 이 부분을 놓친 거다. 결국 배달 매출이 받쳐주지 않아 운영에 어려움을 많이 겪었던 일도 있었다.

창업할 때는 유동 인구 숫자보다 소비 패턴과 타깃층을 먼저 봐야 한다. 같은 수천 명이 지나가도, 어떤 사람들이 지나가느냐에 따라 매출은 하늘과 땅 차이다. 오피스 상권에서는 점심 장사가 중요하고, 저녁에는 회식이

나 간단한 술자리가 많다. 반면 주거 지역에서는 가족 단위 외식이 많고, 배달이나 포장이 잘되는 구조를 갖춰야 한다.

그렇다면 좋은 자리를 찾으려면 어떻게 해야 할까? 가장 좋은 방법은 직접 발로 뛰면서 관찰하는 것이다. 일주일 정도 해당 지역에서 사람들이 어디서 뭘 먹는지, 어떤 가게가 바쁜지, 고객층이 누구인지 체크해 보자. 특히 프랜차이즈 창업이라면 본사가 제공하는 상권분석 자료만 믿지 말고, 직접 눈으로 확인하는 게 중요하다. 본사는 기본적인 데이터를 제공하지만, 결국 장사는 점주가 하기 때문이다. 장사를 잘하는 사람들은 단순히 '이곳에 내 가게를 차려도 될까?'라고 묻지 않는다. 대신 '이 지역에서는 사람들이 어떤 소비 패턴을 보일까?'를 먼저 분석한다. 그렇게 해야 문을 열자마자 손님이 몰리는 가게를 만들 수 있다.

상권보다 강한 한 가지, USP가 답이다

요즘 장사하기가 쉽지 않다. 어디를 가도 비슷한 가게가 즐비하고, 같은 메뉴를 파는 곳이 넘쳐난다. 맛있다고, 친절하다고, 인테리어가 좋다고 해서 고객이 자연스럽게 찾아오는 시대는 지났다. 이제는 '왜 내 가게여야 하는가?'라는 명확한 이유가 필요하다. 가장 중요한 것은 USP$^{\text{Unique Selling Point}}$이다. 즉, 내 가게만의 차별점이 있어야 한다. 고객이 내 가게를 선택해야 하는 특별한 이유가 없다면, 결국 다른 가게와 비교당할 수밖에 없다.

예를 들어, 어떤 카페는 커피를 주문하면 직접 만든 수제 쿠키를 서비스로 준다. 사소한 차이 같아 보이지만, 고객들은 '이 카페는 뭔가 특별하다'라고 느끼고, 자연스럽게 단골이 된다. 작은 디테일이 고객을 사로잡는 강력한 무기가 되는 것이다.

〈이치란 라멘〉은 혼자 밥을 먹는 고객을 위해 1인석 부스를 도입했다. 개인 공간에서 식사할 수 있도록 설계했으며, 주문도 종이에 체크하는 방식이라 직원과 대화할 필요가 없다. 일본의 혼밥 문화를 공략한 이 시스템 덕분에, 〈이치란 라멘〉은 단순한 음식점이 아니라 하나의 경험을 제공하는 브랜드가 되었다.

대만의 〈딘타이펑〉은 샤오롱바오(소룡포) 하나로 세계적인 브랜드가 되었다. 이들의 USP는 철저한 품질 관리다. 모든 샤오롱바오는 정확히 18개의 주름이 생기도록 만들어지며, 주방을 오픈형으로 설계해 고객이 조리 과정을 직접 볼 수 있도록 했다. '어디서 먹어도 같은 맛'이라는 신뢰가 브랜드의 핵심 경쟁력이 되었다.

대야 하이볼로 유명한 〈토리키치〉는 '대야 하이볼'이라는 독특한 메뉴를 내세워 입소문을 탔다. 일반 하이볼과 달리 대야 크기의 술잔에 담겨 나오는 독특한 비주얼로 고객들은 본인의 얼굴 크기와 비교하며 하이볼 마시는 장면을 SNS에 올리면서 큰 화제가 됐다. 고객들은 단순히 술을 마시는 것이 아니라 '특별한 경험'을 하러 방문한다. 이런 차별화 요소가 자연스럽게 홍보 효과를 불러일으킨다.

〈연우 갈비〉는 '산더미 갈비탕'이라는 압도적인 비주얼의 메뉴로 경쟁력을 확보했다. 뚝배기에 가득 쌓인 폭풍 고기는 '와, 이렇게 주고도 남아?'라는 감탄을 자아내며, 가성비와 풍성함을 강조한 USP로 자리 잡았다. 이러한 차별화된 요소 덕분에 고객들이 사진과 영상을 찍어 공유하게 되고, 브랜드 인지도가 빠르게 상승하면서 재방문율 또한 높아졌다.

차별화된 강점이 없다면, 고객은 내 가게를 수많은 선택지 중 하나로 인식하고 쉽게 잊어버린다. USP는 단순한 유행이 아니라, 장기적으로 살아남기 위한 필수 요소다. 남들과 다른 특별한 포인트를 만들어야 고객이 '굳이 이곳을 찾아야 하는 이유'가 생긴다. 내 가게만의 차별점이 명확해야 살아남을 수 있다.

월세가 싸다고 좋은 자리는 아니다

임대료가 저렴한 곳을 찾는 건 중요하지만, 그것만 보고 가게를 정하면 낭패 보기 쉽다. 월세가 낮으면 좋다고 생각하기 쉽다. 그러나 유동인구가 적거나 주변 환경이 장사와 맞지 않으면 오히려 더 큰 손해를 볼 수 있다. 어느 식당 사장님은 월세가 저렴한 외진 곳에 가게를 열었지만, 손님이 없어 매출이 기대에 미치지 못했다. 월세는 적었지만 가게 운영이 어렵다 보니 결국 문을 닫아야 했다. 장사에서 중요한 건 월세 자체가 아니라, 매출과 비용의 균형이다.

반대로 비싼 임대료가 성공을 보장하는 것도 아니다. 초보 창업자들이 흔히 하는 실수 중 하나가 '비싼 자리니까 장사가 잘될 거다'라는 착각이다. 유동 인구가 많아도, 가게가 고객의 니즈와 맞지 않으면 매출이 나오지 않는다. 한 프랜차이즈 카페 점주님은 강남의 중심 상권에 입점했지만, 높은 임대료와 인건비를 감당하지 못해 1년을 채 버티지 못했다. 좋은 자리라고 무조건 매출이 따라오는 게 아니다. 장사하기 좋은 입지인지, 그만큼의 매출이 가능한 구조인지 따져봐야 한다.

임대료뿐만 아니라 초기 투자 비용, 인건비, 원가, 마케팅 비용까지 모두 고려해야 한다. 단순히 월세가 낮다고 좋은 것도, 비싸다고 무조건 장사가 잘되는 것도 아니다. 같은 치킨집이라도 번화가 대로변에서 비싼 월세를 내며 경쟁하는 가게가 있고, 배달을 중심으로 낮은 월세에서 안정적인 수익을 내는 가게가 있다. 중요한 건 비용 대비 매출 구조를 철저히 분석하는 것이다. 높은 임대료를 감당할 수 있을 만큼의 예상 매출이 가능한지, 주변 경쟁 업체들과 차별화할 수 있는 요소가 있는지 검토해야 한다. 또, 배달과 테이크아웃 비중이 높은 업종이라면 굳이 높은 월세를 내며 번화가에 입점할 필요가 없는 경우도 많다.

입지를 정할 때는 먼저 고객을 분석해야 한다. 내 가게의 주요 고객층이 누구인지 파악하고, 그들이 자주 방문하는 지역에 가게를 내는 게 중요하다. 고정 비용과 변동 비용을 종합적으로 따져봐야 하며, 예상 매출과 순이익을 계산해 보고 월세가 감당이 가능한 수준인지 현실적으로 판단해야 한다. 또한, 상권의 특성을 분석하여 낮과 밤, 주중과 주말의 유동 인구 차이를 고려하고, 고객들이 주로 찾는 시간대와 패턴을 이해해야 한다. 배달과 테이크아웃이 가능한 구조인지도 고민해 보자. 최근에는 오히려 배달 전문 매장이 높은 수익을 내는 경우도 많다. 매장의 특성에 맞는 최적의 입지를 찾는 것이 필수적이다.

결국, 중요한 것은 종합적인 수익 구조다. 임대료가 창업에서 중요한 요소인 건 맞지만, 그것만 보고 가게를 결정하는 것은 위험하다. 장사는 감이 아니라 전략이다. 철저한 계산과 분석이 없다면, 월세가 낮든 비싸든 결국 손해를 보게 된다. 창업을 계획할 때는 단순히 월세 부담을 줄이는 것만 생각할 것이 아니라, 전체적인 수익 구조를 분석하고 장기적으로 안정적인 매출을 낼 수 있는 환경을 조성하는 것이 더 중요하다.

돈 되는 상권은 단골이 만든다

장사를 하다 보면 당장의 매출을 올리는 데만 집중하기 쉽다. 단기적인 할인 행사, 1+1 프로모션, 특별 할인을 통해 손님을 유입시키지만, 그 효과는 대부분 오래가지 않는다. 손님은 오지만 이익은 남지 않고, 고객은 떠나고 만다. 반면, 장사 베테랑들은 단순한 매출보다 고객과의 관계를 쌓는 데 집중한다. 결국, 오래 살아남는 가게는 단골손님이 만들어주는 매출 덕분이다.

치킨 프랜차이즈 본사에 있을 때, 수많은 가맹점이 배달 앱 할인에 의존하는 모습을 봤다. 할인 프로모션이 없으면 주문이 뚝 끊기고, 고객은 앱에서 할인만 받고 이동한다. 결국 '할인 없이는 매출도 없다'는 악순환에 빠진다. 매출은 올랐지만, 이익은 줄어들고 본사와 가맹점 모두 운영이 어려워지는 경우가 많았다.

하지만 상권이 좋다고 다 돈이 되는 건 아니다. 고객과 관계를 맺는 가게만이 '진짜 돈 되는 상권'을 만든다. 실제 사례가 있다. 개인 삼겹살 배달매장을 운영하는 노 사장님은 가격 할인 대신 고객 한 명 한 명과의 관계 형성에 집중했다. 단골손님의 주소와 주문 내역을 기억했고, 삼겹살과 어울리는 사이드 메뉴도 함께 챙겼다. '배달로 먹는 삼겹살이 맛있을 수 있을까?'라는 고객의 고민을 반영해, 촉촉한 초벌 삼겹살을 개발했고, 배달 포장까지 개선했다.

그는 리뷰 이벤트와 멤버십 프로그램에 집중했다. 배달을 많이 할수록 혜택이 쌓이는 방식이었다. 고객은 '이 집은 나를 기억해 주는 곳'이라는 인상을 받았고, 자발적인 리뷰와 추천이 이어졌다. 가격 할인 없이도 매출은 꾸준히 올랐고, 단골층이 점점 두터워졌다. 고객이 가게에 들어올 때 이곳은 나를 알아주는 곳이라는 감정적 연결을 만들 수 있어야 한다. "지난번 드셨던 거 괜찮으셨나요?"라는 짧은 한마디가 고객에게는 깊은 인상으로 남는다. 단골은 감동에서 시작된다. 손님이 굳이 이 가게를 다시 찾아야 할 이유, 이곳에서만 느낄 수 있는 경험이 있어야 반복 방문이 일어난다.

안양에 본점을 두고 있는 〈팔덕식당〉은 등갈비 전문점이다. 〈팔덕식당〉

은 팔덕후라는 팬덤 커뮤니티를 운영하고 있다. 외식업계에서 그리 역사가 오랜된 것도 아니고 유명한 쉐프가 운영하는 곳도 아닌데 고객들의 사랑을 꾸준히 받아오면서 식당이 커뮤니티를 갖게 되었다는 것이 매우 흥미롭다.

그 이유는 무엇일까? 바로 고객과의 관계에 집중했기 때문이다. 기본적으로 음식의 맛과 품질 보장, 약속한 날에 반드시 도착하는 배송 시스템도 고객의 신뢰를 얻기에 충분했지만, 식당이 외진 곳에 있는 점을 보완하기 위해서 인력거를 운영하기도 했고, 아울러 〈팔덕식당〉에서만 맛볼 수 있는 팔덕 막걸리를 제공함으로써 고객들에게 좋은 추억을 선사하는 계기가 되었다.

브랜드를 열렬히 좋아하는 사람들을 보통 브랜드의 팬이라고 부르는데 등갈비 전문점인 〈팔덕식당〉의 팬덤 사례는 충성도 높은 고객들이 왜 가게를 지탱하는 뿌리가 되는지를 잘 알게 해준다. 단순한 소비자에서 고객으로, 고객에서 단골로, 그리고 결국 단골을 팬덤화하는 데까지 성공하는 전략은 바로 손님을 '돈'이 아니라 '사람'으로 대하는 것부터 시작해야 한다. 손님이 가게를 믿고 다시 찾는 상권, 그 상권이 결국 돈이 되는 상권이다.

💡 가슴에 새겨야 할 장사의 원칙

- 좋은 상권은 '내 상품'이 팔릴 자리여야 한다.
- 내 단골이 내 상권의 부가가치를 높인다.

1장

1-4 업종 선택이 승부를 가른다

요즘 잘나가는 거 말고, 나랑 맞는 걸 골라라

창업을 결심했다면 가장 먼저 고민해야 할 것이 업종 선택이다. 요즘 뜨는 사업이 뭘까를 찾기보다는 내가 잘할 수 있는 사업이 뭘까를 고민하는 것이 훨씬 중요하다. 유행을 따라 창업했다가 몇 개월 만에 후회하는 사례는 너무나 많다. 창업 후 1~2년 안에 생존율이 급격히 줄어드는 이유 중 하나도 본인의 강점과 맞지 않는 업종을 선택했기 때문이다.

얼마 전 만난 예비 창업자 박 씨도 비슷한 고민을 했다. 카페를 하면 손님들과 자연스럽게 대화도 하고, 내가 좋아하는 커피도 마시고, 분위기도 좋을 것 같다라고 생각하기 쉬우나 현실은 다르다. 바리스타 경험이 전혀 없어 직원에게 의존해야 하고, 원두 선택부터 기계 사용법, 메뉴 개발까지 새롭게 배워야 할 것들이 너무 많다. 무엇보다 경쟁이 치열한 지역에서 차별점을 만들기란 쉽지 않다. 고민 끝에 박 씨는 본인이 오랫동안 관심을 가졌던 반려동물 관련 사업으로 방향을 바꿨다. 강아지를 키운 경험과 네트워크를 살려 반려동물용품과 간식을 판매하는 소규모 매장을 열었고, 오픈 후 3개월 만에 단골이 늘어나며 안정적인 매출을 기록했다.

반면, 유행을 따라갔다가 실패한 사례도 많다. 창업자 김 씨는 '얼음 맥주가 대세니까 나도 하면 잘될 거야'라는 생각으로 가게를 열었다. 하지만 요리에 관심도 없었고, 프랜차이즈 운영 경험도 전혀 없었다. 좋은 상권에만 가면 쉽게 매출이 오를 줄 알았으나 경쟁이 치열한 지역에서 특별한 강점 없이 운영하다 보니 매출이 오르지 않았다. 6개월 만에 폐업을 고민해야 했다. 결국, 본인의 경험과 강점과 상관없이 '잘될 것 같은 업종'을 선택했던 것이 문제였다.

내가 좋아하는 일과 잘할 수 있는 일은 다를 수 있다. 창업을 결정하기 전 '이 일을 5년, 10년 동안 해도 흥미를 잃지 않을까?'라는 질문을 던져보는 게 좋다. 경험이 부족하더라도 빠르게 배울 수 있는 분야인지, 운영할 때 강점이 될 만한 요소가 있는지도 고려해야 한다. 단순히 '요즘 뜨는 업종'이라고 해서 무작정 뛰어드는 것은 위험하다. 사업은 유행을 따라가는 것이 아니라, 본인의 성향과 능력에 맞춰 지속할 수 있는 업종을 선택하는 것이 핵심이다.

업종을 선택할 때는 다음 세 가지 질문을 꼭 던져보자. 첫째, 내가 꾸준히 관심을 가질 수 있는 분야인가? 둘째, 기존 경험이나 네트워크를 활용할 수 있는가? 셋째, 경쟁이 심한 시장에서도 차별화할 수 있는 강점이 있는가? 이 질문에 확실한 답을 내릴 수 있다면, 당신의 창업 성공 가능성은 훨씬 높아질 것이다. 창업은 단순한 도전이 아니라, 철저한 준비와 전략이 필요한 과정이다. 내 경우만 생각해 봐도 내가 왜 고깃집을 했다가 왜 실패했는지, 퇴사 후 치킨 프랜차이즈 사업을 시작하려다가 왜 앞으로 더 나아가지 못했는지를 생각해 보면 알 수 있다. 그 일은 나의 강점을 살리는 일이 아니기 때문이었다.

요즘 잘나간다? 그래서 곧 사라질지도 모른다

창업을 준비할 때 가장 쉽게 빠지는 함정이 유행을 따라가는 것이다. '요즘 이게 인기라던데?', 'SNS에서 핫한 가게라던데?'라는 말에 혹해서 업종을 정하면, 몇 달 뒤에는 '왜 이걸 선택했을까?' 하고 후회할 수도 있다. 사업은 단거리 경주가 아니라 마라톤이다. 단기 유행에 휩쓸리기보다, 꾸준한 수요가 있는 업종을 선택하는 것이 장기적인 성공의 핵심이다.

프랜차이즈 업계를 20년 넘게 지켜보면서 유행을 쫓아 창업했다가 실패한 사례를 수도 없이 봤다. 대표적인 예가 바로 탕후루와 마라탕이다. 전국적으로 폭발적인 인기를 끌며 매장이 우후죽순 생겨났지만, 몇 년 지나지 않아 많은 가게가 문을 닫았다. 탕후루는 소비 패턴이 한정적이었고, 마라탕은 초반에는 신선한 맛으로 고객을 끌어모았지만, 경쟁이 심해지면서 차별화가 어려워졌다. 결국, 단기 유행을 기반으로 한 창업은 장기적으로 살아남기 어렵다는 것을 다시 한번 증명했을 뿐이다.

얼마 전 만난 샐러드 매장 임 사장님은 디저트 카페를 열고 싶었다고 했다. 인스타그램에서 유명한 브랜드들이 빠르게 성장하는 걸 보고 가능성이 있다고 생각했다. 하지만 시장조사를 해보니 디저트 카페는 초반에는 화제가 되더라도 유지하기 쉽지 않았고, 유행이 지나면 매출이 급격히 하락하는 경우가 많다는 것을 알았다. 결국 그는 빠르게 성장하는 것보다, 지속적으로 고객을 확보할 수 있는 업종을 선택하기로 했다. 그래서 건강식 샐러드 전문점을 창업했는데, 웰빙 트렌드는 꾸준히 성장하는 시장이었다. 창업 후 1년이 지난 지금, 임 사장님의 가게는 안정적인 매출을 유지하며 꾸준히 성장하고 있다.

반면, 단기 유행만 보고 창업했다가 실패한 사례도 있다. 특히 프랜차이즈 가맹점이 그렇다. 전국적으로 인기를 끌었던 저가형 일본식 주점을 창업했지만, 유행이 지나면서 손님이 빠르게 줄어드는 경우가 많다. 매출이 높지 않고 많은 브랜드가 난립하면서 1년도 채 되지 않아 가게 문을 닫을 경우가 생기므로 단기적인 트렌드만 보고 창업하면 이런 위험이 따른다.

사업을 선택할 때 시장 규모도 반드시 고려해야 한다. 지속적인 수요가 있는 업종이라도 시장 자체가 너무 작다면 성장에 한계가 있다. 지역 상권과 고객층을 고려해 충분한 시장 규모가 확보되는 업종인지 확인하는 그것이 필수다. '이 사업이 몇 년 후에도 성장 가능성이 있을까?', '경쟁이 많아도 내 사업이 자리 잡을 수 있을까?' 와 같은 질문을 반드시 스스로 던져야 한다. 창업은 단순히 '지금 잘나가는 것'을 따라가는 것이 아니라, '앞으로도 성장할 것'을 찾는 과정이다. 지속 가능성이 있고, 꾸준한 고객 수요가 있으며, 충분한 시장 규모를 가진 업종을 선택해야 오랫동안 안정적인 사업을 운영할 수 있다.

수익보다 먼저, 나의 삶과 맞는 업종을 찾아야 한다

창업은 단순한 생계 수단이 아니라, 내 삶의 일부가 되어야 한다. 유행과 매출만 보고 사업을 시작하기보다는, 본인의 라이프 스타일, 운영 방식, 노동 강도를 고려한 현실적인 선택이 필요하다. 그래야 지치지 않고 오랫동안 안정적으로 사업을 운영할 수 있다. 자신이 감당할 수 없는 수준의 노동 강도를 요구하는 사업을 시작하면 얼마 지나지 않아 피로가 누적되고 의욕을 잃게 된다. 따라서 단순히 수익성만을 고려하는 것이 아니라, 자신의 성향과 삶의 방식에 맞는 운영 모델을 선택하는 것이 성공적인 창업의 핵심이다.

창업 아이템을 선택할 때 돈을 버는 것도 중요하지만 내 생활과 잘 맞는지도 반드시 고려해야 한다. 이 일을 1년, 5년, 10년 동안 지속할 수 있을지 질문을 던져보는 것이 필요하다. 아무리 수익이 좋아 보여도 운영 방식이 본인의 스타일과 맞지 않거나 노동 강도가 지나치게 높다면 오래 버티기 어렵다.

프랜차이즈 본사에서 일하면서 창업자들이 업종 선택에 대해 후회하는 경우를 많이 봤다. 특히 요식업은 노동 강도가 높은 편이라 본인의 성향과 맞지 않으면 금방 지쳐버린다. 예를 들어, 빵집을 운영하기 위해서는 새벽부터 일어나야 하는데 야행성인 사람이 이를 감당하는 건 쉽지 않다. 만약 이런 사람이 배달 전문 매장을 선택하면 운영 방식을 간소화하고, 근무 시간을 조정해 본인의 라이프 스타일에 맞출 수도 있다. 외식업뿐만 아니라 리테일, 무인 매장, 서비스 업종 등 다양한 사업 형태가 존재하며, 각기 다른 운영 방식과 노동 강도를 요구한다. 자신이 감당할 수 있는 수준을 냉정하게 분석하는 것이 필수적이다.

운영 방식도 신중하게 선택해야 한다. 직접 손님을 응대하고 소통하는 것이 즐겁다면 오프라인 매장이 적합할 수 있다. 하지만 대면 업무보다 시스템을 구축하고 관리하는 것이 더 맞다면 온라인 기반 창업이 더 적합하다. 또한, 단순한 매장 운영에서 벗어나 브랜드를 구축하고 확장하는 데 집중하고 싶다면 프랜차이즈 사업을 고려해도 좋다. 중요한 것은 자신의 성향과 목표를 고려해 장기적으로 지속할 수 있는 운영 방식을 찾는 것이다. 단순히 현재 유행하는 사업이 아닌, 본인이 지속적으로 관리할 수 있는지에 대한 고민이 필요하다.

직장 생활을 20년 넘게 하다가 40대 후반에 퇴사한 후 사람들이 대부분이 외식업 프랜차이즈 가맹점을 하면 안정적이라 생각하고 많이 시작한다. 하지만 외식업은 철저한 서비스업이다. 고객과의 소통 응대에 자신이 없거나, 서비스 마인드가 없는 내성적이고 무뚝뚝한 사람은 외식업과 맞지 않을 수 있다. 창업 시 목표도 분명해야 한다. 단순히 '돈을 많이 벌겠다'보다는 '이 사업을 통해 어떤 삶을 살고 싶은가?'를 고민해야 한다. 월 500만 원의 안정적인 수익을 목표로 하는지, 단기간에 브랜드를 키워 프랜차이즈화를 목표로 할 것인지에 따라 접근 방식이 완전히 달라진다.

예를 들어, 안정적인 개인 매장을 운영하고 싶다면 직원 수를 최소화하고, 간편한 시스템을 도입하는 것이 효율적이다. 반면, 공격적으로 확장하고 싶은 경우에는 초기부터 브랜딩과 마케팅에 집중해야 하며, 운영 방식도 체계적으로 갖춰야 한다. 목표가 명확하면 운영 방식과 노동강도를 조절할 수 있고, 창업 후에도 동기부여가 되어 방향을 잃지 않는다.

사람은 똑같은 노력을 5년, 10년 지속하기 어렵기 때문에 단기간 내에 성과를 내는 것을 원한다. 자영업 70%가 5년 안에 폐점하는 것은 경제적인 어려움도 있지만 몸이 힘들어서 폐점하는 경우가 많다. 요즘 프랜차이즈 본사의 최대 고민도 가맹점의 노동 강도를 어떻게 줄이고 롱런하는 매장을 만들것인가에 있다.

 가슴에 새겨야 할 장사의 원칙

- 지금 잘된다고 시작하지 마라.
- 그 아이템이 '3년 뒤에도 잘 팔릴까?'를 먼저 따져봐야 한다.

2장

팔리는 구조는 따로 있다

2장

2-1 가격을 올려도 고객이 만족하는 마법의 공식

손님이 지갑을 여는 건 '가격'이 아니라 '가치'다

가격을 올린다고 무조건 손님이 떠나는 것은 아니다. 오히려 고객이 기꺼이 지갑을 여는 가격 인상이 가능하다. 중요한 건 단순히 가격을 높이는 게 아니라, 그에 걸맞은 가치, 차별화, 고객 경험을 함께 높이는 것이다.

얼마 전 컨설팅을 했던 한 프리미엄 수제버거 가게가 있다. 사장님은 처음엔 평범한 패스트푸드 스타일의 메뉴를 운영했지만, 원가 부담이 커지면서 가격 인상이 불가피했다. 그런데 "가격을 올리면 손님들이 떠나지 않을까요?"라며 고민이 컸다. 그럴 수도 있다. 하지만 그냥 가격만 올린다면 당연히 반발이 심할 수밖에 없다.

그래서 우리는 전략을 짰다. 먼저 메뉴를 개편해 빵과 패티를 최고급 재료로 바꾸고, 감자튀김도 수제 스타일로 변경했다. 더불어 매장 내부 분위기를 세련되게 바꾸고, 직원 서비스 교육을 강화해 고객 경험을 한층 업그레이드했다. 결과는 어땠을까? 단골손님들은 "이 정도 가격이면 충분히 낼 만하다"라는 반응을 보였고, 신규 고객들도 유입되며 매출이 오히려 상승했다.

사람들은 가격 자체보다 그 가격이 합당한지를 먼저 따진다. 커피 한 잔에 5,000원을 받는다고 했을 때, 단순히 비싼 가격으로 느껴지는 것이 아니라 '이 가격이 아깝지 않다'라는 생각이 들도록 해야 한다. 스타벅스가 비싼 가격에도 고객 충성도가 높은 이유도 여기 있다. 단순한 커피가 아니라, 머물고 싶은 공간, 편안한 분위기, 브랜드의 가치를 함께 제공하기 때문이다. 고객은 단순히 제품을 사는 게 아니라, 그 공간과 경험을 함께 소비하는 것이다.

차별화도 중요하다. 경쟁 업체와 비슷한 제품이나 서비스를 제공하면서 가격만 올린다면 손님들은 쉽게 등을 돌린다. 하지만 나만의 강점이 명확하다면 이야기가 달라진다. 어느 일식당에서는 초밥 메뉴의 가격을 20% 인상하면서 신선한 생선을 매일 직송하고, 셰프가 직접 테이블에서 플레이트를 완성하는 퍼포먼스를 추가했다. 손님들은 단순한 초밥이 아니라, 눈앞에서 만들어지는 특별한 경험을 소비하며 더 높은 금액도 기꺼이 지불했다.

고객 경험을 극대화하는 것도 중요하다. 단순히 음식을 제공하는 것이 아니라, 방문 자체가 하나의 '특별한 경험'이 되어야 한다. 고급 레스토랑에서는 웰컴 드링크를 제공하거나, 테이블 세팅을 차별화하는 것만으로도 고객 만족도를 높일 수 있다. 배달 전문점이라면 포장 패키지를 업그레이드하거나, 손글씨 메시지를 함께 동봉하는 작은 정성만으로도 프리미엄 이미지를 만들 수 있다. 이 가게는 뭔가 다르다는 느낌이 들게 만드는 순간, 고객은 단순한 가격 비교를 멈춘다.

결국, 가격을 올리려면 그에 걸맞은 가치를 함께 높여야 한다. 고객이 가격을 받아들이는 기준은 단순히 비싸냐, 싸냐가 아니라 이 가격이 아까운지 여부에 달려 있다. 차별화된 요소를 추가하고, 고객 경험을 극대화하며, 제품과 서비스의 가치를 높인다면 가격을 올려도 고객들은 기꺼이 지갑을 열 것이다. 그러니 가격을 올려야 한다면, 그만한 이유를 고객이 느낄 수 있도록 만들어보자.

비싸도 괜찮아, 값어치만 있다면

가격을 올리는 것만큼 중요한 것이 있다. 바로 고객이 체감하는 퀄리티, 서비스, 분위기를 함께 개선하는 것이다. 가격이 올라가면 자연스럽게 기대치도 높아진다. 그 기대를 충족시키지 못하면 '비싸기만 한 곳'이 되지만, 만족감을 높이면 '값어치 있는 곳'이 된다. 가격을 무조건 낮춘다고 손님이 오는 게 아니다. 중요한 건 이 가격이면 납득이 된다는 신뢰를 주는 것이다. 한우 오마카세를 찾는 고객들은 비싸도 품질과 서비스가 확실하다는 가치를 주기 때문에 그럴만 하다고 느낀다. 또 테이크아웃 커피는 저렴해도 빠르고 효율적이다. 가격은 항상 고객이 체감하는 '가치'를 먼저 생각해야 한다.

한 가지 예를 들어 무조건 커피 가격을 올리는 것이 아니라 매장 내부를 따뜻하고 아늑한 스타일로 리모델링하고, 바리스타에게 정기적인 교육을 제공하여 최상의 커피를 만들고, 서빙할 때는 작은 초콜릿과 함께 커피를 제공한다면. 손님들의 반응은 좋을 것이다. 커피 맛도 좋아졌지만, 이곳은 분위기 자체가 힐링이 된다는 리뷰가 늘고, 오히려 방문율과 매출이 상승한다.

퀄리티를 높이는 것은 단순히 원재료를 바꾸는 것만이 아니다. 가게의 콘셉트와 스토리를 강화하는 것도 방법이다. 한 프리미엄 라멘집은 면을 직접 뽑는 과정을 매장에서 공개했다. 처음 방문한 고객들이 "와, 면을 직접 만드는 걸 보니까 신뢰가 가요"라고 이야기하며, SNS에 자연스럽게 인증샷을 올렸다. 그 결과, 가격을 2,000원 인상했음에도 불구하고 고객들은 오히려 '제값을 한다'며 더욱 자주 찾았다.

서비스의 차별화도 중요하다. 같은 메뉴라도 서비스에 따라 고객이 느끼는 가치가 달라진다. 한 고깃집 사장님은 기존 셀프 방식에서 직원이 직접 고기를 구워주는 테이블 서비스를 추가했다. 처음에는 직원 교육과 운영 방식 변경에 대한 부담이 컸지만, 손님들의 반응이 기대 이상이었다. "이렇게까지 신경 써주니까 더 편하게 먹을 수 있어요"라는 피드백이 늘었고, 자연스럽게 객단가도 상승했다.

분위기 역시 고객 만족도를 결정짓는 큰 요소다. 같은 커피라도 어디에서, 어떤 분위기에서 마시느냐에 따라 가격 수용도가 달라진다. 조명, 인테리어, 음악, 향기 같은 요소들이 공간의 느낌을 만든다. 우리의 메뉴와 타깃 고객의 니즈를 반영하여 모든 콘셉트를 일관성 있게 유지한다면 자연스럽게 매출도 상승한다.

결국, 가격을 올릴 때는 고객이 느끼는 퀄리티, 서비스, 분위기도 함께 올라가야 한다. 고객은 단순히 돈을 쓰는 것이 아니라, '이 가격에 이만한 가치를 얻었다'는 만족감을 원한다. 가격 인상을 고민하고 있다면, 먼저 고객이 체감하는 가치를 높이는 방법을 고민해 보자. 그러면 손님들은 가격이 아니라 경험을 사러 오게 될 것이다.

고객이 납득하는 가격 인상은 따로 있다

가격은 단순히 숫자가 아니라, 고객이 느끼는 가게의 가치와 신뢰를 반영하는 요소다. 치킨 프랜차이즈에서 가격을 섣부르게 인상했다가 고객의 반발을 사는 경우도 많았다. 그래서 늘 가격 인상은 보다, 신중하게 접근하는 것이 중요하다.

한 브런치 카페 사장님이 고민을 털어놨다. "재료비가 올라서 가격을 올려야 하는데, 손님들이 싫어하면 어쩌죠?" 그는 단골 고객이 많아 가격 변동에 민감할 수 있다는 점이 걱정됐다. 그래서 우리는 가격 인상을 한 번에 단행하지 않고, 특정 시간대에만 살짝 조정해 반응을 살펴보기로 했다. 예를 들어, 평일 오전에는 기존 가격을 유지하고, 주말 브런치 타임에만 소폭 인상하는 식이었다. 결과는 예상보다 긍정적이었다. "요즘 물가가 올랐으니 이해해요", "맛있으니까 괜찮아요"라는 반응이 많았고, 가격 인상에 대한 거부감도 크지 않았다. 이후 인기 메뉴 위주로 천천히 가격을 조정했고, 기존 고객 이탈 없이 매출이 안정적으로 상승했다. 고객 반응을 살펴보는 것도 중요하다. 한 식당에서는 메뉴판 변경 전에 손님들에게 "지금 가격 만족하시나요"라고 직접 물어봤다. 많은 손님이 "맛만 좋으면 약간 비싸도 괜찮아요"라고 답했다. 이에 맞춰 음식 퀄리티와 서비스 수준을 업그레이드하고 가격을 조정했다. 예를 들어, 기존보다 조금 더 고급스러운 재료를 사용하고, 플레이팅과 접객 서비스를 강화했다. 손님들은 단순히 가격이 올랐다고 생각하는 것이 아니라, '음식이 더 좋아졌다'는 느낌을 받으며 만족도가 높아졌다.

가격은 한 번에 확 올리는 것보다 단계적으로 적용하는 게 효과적이다. 처음에는 메뉴 가격은 그대로 두고, 무료로 제공하던 소스를 유료화했다. 이후 원가 부담이 큰 메뉴부터 가격을 조정하면서, 고객들이 가격 변화에 적응할 시간을 주었다. "예전보다 비싸긴 한데, 서비스도 좋아지고 양도 많아졌어."라는 고객들의 반응이 나오면서 큰 저항 없이 가격 인상이 성공적으로 진행되었다.

이처럼 가격을 올릴 땐, 고객이 단순히 부담을 느끼기보다 더 나은 서비스와 품질에 대한 투자로 받아들이도록 만드는 것이 핵심이다. 가격을 올리는 대신, 고객이 체감할 수 있는 추가 혜택을 제공하는 것도 좋은 방법이다. 가격 인상과 동시에 VIP 고객들에게 무료 음료 쿠폰을 제공하고, 자주 방문하는 고객에게 특별 프로모션을 적용했다. 그 결과, 고객들은 가격 인상을 부담스럽게 느끼기보다 이곳은 단골을 배려하는 곳이라는 인식을 갖게 되었다.

성공적인 가격 인상은 고객과의 신뢰를 기반으로 한다. 무작정 올리는 것이 아니라, 고객의 반응을 보며 점진적으로 조정하는 과정이 중요하다. 테스트를 거쳐 고객이 자연스럽게 적응할 시간을 주고, 품질과 서비스 개선을 병행하면 가격 인상은 오히려 브랜드 가치를 높이는 기회가 될 수 있다. 가격을 올리는 것이 부담스럽다면, 고객이 '이 가격이라도 다시 찾고 싶다'고 느낄 수 있도록 만드는 것이 더 중요하다. 결국, 가격 인상은 숫자의 변화가 아니라, 고객과의 신뢰를 다지는 과정이어야 한다.

 가슴에 새겨야 할 장사의 원칙

- 가격을 올리는건 문제가 되지 않는다. 가치를 높이지 않는 게 문제다.
- 고객은 '돈 쓴 느낌'보다 '잘 쓴 느낌'을 원한다.

2장

2-2 매출을 2배로 만드는 프로모션 기획법

매출을 2배로 만드는 건 '타깃·타이밍·한정성'이다

많은 사장님이 프로모션을 하면 무조건 매출이 상승할 것으로 생각한다. 하지만 막연히 할인부터 시작했다가는 효과도 없고, 이윤만 줄어드는 결과를 초래할 수 있다. 프로모션을 제대로 기획하려면 타깃, 타이밍, 한정성을 고려해야 한다. 단순한 가격 인하가 아니라, 고객의 행동을 유도할 수 있도록 전략적으로 접근해야 한다.

얼마 전 컨설팅했던 디저트 카페가 있다. 사장님은 "할인을 해도 손님이 늘지 않아요"라며 고민을 털어놨다. 살펴보니, 특정 시간대에 무작정 전 메뉴 10% 할인만 하고 있었다. 고객 입장에서 보면 늘 할인이 적용되니 굳이 지금 방문할 필요성을 느끼지 않는다. 그래서 먼저 타깃을 명확히 정하도록 했다. '오후 3~5시에 방문하는 학생과 재택근무자'를 타깃으로 삼고, 이 시간에만 세트 메뉴 할인을 적용했다. 여기에 한정성을 추가하기 위해 '하루 30세트 한정'이라는 문구를 붙였더니 효과가 확실히 달라졌다. SNS에서 '이 시간에 가야 할인받을 수 있다'라는 입소문이 퍼지면서 방문 고객이 2배 이상 늘었다. 타깃을 명확히 하고 한정성을 추가하니 손님들의 행동 패턴이 바뀐 것이다.

타이밍도 무척 중요하다. 치킨집의 고민은 배달 주문이 뜸한 평일 저녁에 매출을 올리는 것이다. 단순히 할인하는 대신, '수요일 치맥 페스티벌'이라는 콘셉트로 특정 요일에만 행사하는 전략을 짰다. 특정 요일에 집중하니 고객들이 "이날은 꼭 주문해야겠다"라는 심리가 생겼고, 자연스럽게 주문량이 증가했다. 실제로 사람들은 특정한 이벤트가 정해져 있을 때 더 적극적으로 행동하는 경향이 있다. '이번 주말에만 세일!'이라는 문구를 보면 평소에 관심 없던 상품도 구매 욕구가 생기는 것처럼, 요일별로 특정 혜택을 주면, 고객은 그날을 기억하고 기다린다.

한정성은 고객의 행동을 빠르게 이끄는 강력한 요소다. 한 프랜차이즈 카페는 '이번 주말 단 이틀만! 한정 메뉴 무료 업그레이드' 프로모션을 진행했다. 단기간이지만 희소성 덕분에 매장에는 평소보다 1.5배 많은 고객이 몰렸다. 사람들은 '한정 기간'에 약하다. 평소엔 관심 없던 메뉴도 '이때 아니면 못 먹는다.'라는 생각이 들면 바로 구매로 이어진다. 심리적으로도 기한이 정해져 있는 프로모션은 지금 행동해야 한다는 압박을 만들어낸다. '곧 끝나는 이벤트'라는 문구가 있으면, 사람들은 본능적으로 지금 결정을 내려야 한다고 느낀다.

또한, 한정 메뉴를 활용하면 고객의 기대감을 높일 수 있다. 예를 들어, 어느 일본식 덮밥 전문점에서는 계절 한정 메뉴를 출시하면서 '이번 달까지만 제공'이라는 문구를 넣었다. 평소 같으면 새로운 메뉴를 시도하지 않던 단골손님들도 '이건 한정판이니까 먹어봐야겠다'라는 심리로 주문했고, 결과적으로 매출이 30% 증가했다. 이처럼 한정 메뉴는 단골손님에게 새로운 경험을 제공하고, 브랜드에 대한 애착을 높이는 역할을 한다.

프로모션을 기획할 때는 감성적인 요소를 더하면 효과가 배가된다. 단순히 '20% 할인'이라고 하는 것보다, '우리 단골손님께 감사하는 마음으로 이번 주 특별 할인!'이라고 하면 고객들은 할인 자체보다 '특별한 대접을 받는 기분'을 느끼게 된다. 감정적인 연결이 형성되면 고객들은 단순 소비자가 아니라 브랜드의 팬이 되어준다.

결국, 프로모션은 누구에게, 언제, 어떤 방식으로 제공할 것인지가 중요하다. 무작정 할인보다는 타깃을 정하고, 타이밍을 맞추고, 한정성을 부여하는 것이 매출을 2배로 만드는 효과적인 프로모션 전략이다. 고객이 해당 이벤트는 나를 위한 것이라고 느낄 때, 그들은 단순한 방문자가 아니라 충성 고객이 된다. 할인보다 중요한 것은 이 가게에 오고 싶게 만드는 프로모션을 기획하는 것이다. 제대로 된 프로모션 하나가 가게의 이미지를 바꾸고, 고객의 행동을 바꾼다.

할인 없이 매출 올리는 진짜 기술

할인만으로 매출을 올릴 수 있을까? 단순히 가격을 낮추면 순간적인 매출 상승은 있을지 몰라도 장기적으로는 이윤이 줄어들고, 고객들도 무의식적으로 싸게만 파는 곳으로 인식할 수 있다. 결국, 단순한 가격 경쟁에서 벗어나려면 세트 구성, 업셀링, 추가 혜택을 활용해야 한다. 이를 통해 고객이 더 많은 가치를 느끼면서도 자연스럽게 추가 소비하도록 유도할 수 있다.

한 치킨 프랜차이즈가 좋은 사례다. 이 브랜드는 기존에 특정 기간에 2,000원 할인을 제공했지만, 장기적으로는 매출 상승효과가 크지 않았다. 그래서 할인 대신 '치밥 세트'를 새롭게 구성했다. 기본 치킨에 볶음밥과 사이드 메뉴를 넣고 치킨과 사이드 메뉴를 묶어 고객이 더 많은 금액을 지출하도록 유도한 것이다. 손님들은 "이 세트가 더 가성비가 좋네"라며 자연스럽게 세트로 주문했고, 덕분에 단품보다 객단가가 20% 이상 올랐다. 고객은 더 많은 혜택을 받았다고 느끼고, 가게는 추가 매출을 확보하는 선순환 구조가 만들어졌다.

업셀링도 효과적인 방법이다. 어느 매장은 주문 단계에서 4인 가족이 치킨을 주문하는 것에 착안하여 '기본 한 마리에 3,000원만 추가하면 닭다리 2개 더 드려요'라는 선택지를 넣었다. 손님들은 적은 금액 차이에 더 많은 양을 얻는다고 생각해 업셀링을 받아들였고, 자연스럽게 매출이 상승했다. 이 방법은 특히 배달 플랫폼에서도 활용할 수 있다. '추가 사이드 메뉴 추천' 기능을 적극적으로 활용하면, 손님들은 큰 고민 없이 간단한 클릭만으로 추가 주문을 하게 된다. 이를 통해 단순히 한 마리 치킨을 주문하던 고객도 사이드 메뉴를 추가 구매하게 되고, 자연스럽게 객단가가 상승하는 효과를 얻을 수 있다.

추가 혜택을 제공하는 것도 좋은 전략이다. 치킨 프랜차이즈에서 특정 메뉴를 구매하면 사이드 메뉴 1개를 무료로 제공하는 이벤트를 진행했다. 단순히 가격을 낮추는 것이 아니라 더 많은 가치를 제공한다는 느낌을 주는 것이다. 고객들은 '이왕이면 사이드 메뉴까지 주는 곳에서 시켜야지'라고 생각하며 브랜드에 대한 만족감을 가졌다. 더 나아가, 주중 특정 요일에 배달 고객을 대상으로 사이드 메뉴 무료 제공 이벤트를 진행하며 고객들의 재구매율을 높였다. 이처럼 추가 혜택을 활용하면 고객 만족도를 올리는 동시에 자연스럽게 브랜드에 대한 충성도를 높일 수 있다.

결국, 중요한 것은 고객이 합리적으로 더 많은 금액을 지출할 수 있도록 유도하는 것이다. 무작정 할인하기보다 세트 구성으로 객단가를 올리고, 업셀링을 활용해 추가 주문을 유도하며, 한정된 기간의 혜택을 제공해 고객 만족도를 높이는 것이 장기적인 매출 상승의 핵심 전략이다. 지속적으로 다양한 실험을 통해 최적의 방식을 찾아내고, 이를 꾸준히 운영하는 것이 가장 효과적인 매출 증가 방법이다.

감으로 프로모션 하지 마라

　프로모션을 진행할 때 중요한 건 고객이 원하는 혜택을 정확히 파악하고, 데이터를 기반하여 전략적으로 접근하는 것이다. 감에 의존하기보다 근거 있는 판단이 필요하다. 많은 사장님이 '이번 달 매출이 부족하니 할인을 적용해야겠다'라고 생각하지만, 과연 그 할인이 효과적인지 검토해 본 적은 있을까? 데이터를 기반으로 하지 않은 프로모션은 마치 눈을 감고 운전하는 것과 같다. 정확한 타깃을 정하지 않으면, 기대한 만큼의 효과를 얻지 못할 확률이 높다.

　먼저, 데이터를 모아보자. 단순히 할인하면 매출이 오를 거라고 기대하는 대신, 고객들이 언제 많이 방문하는지, 어떤 메뉴를 선호하는지, 어떤 프로모션에 반응하는지를 분석해야 한다. 예를 들어, 프랜차이즈 매장에서 오후 3~5시 매출이 급감하는 걸 발견하고, 이 시간대에만 한정 프로모션을 진행했다. 기존에는 하루 종일 할인 이벤트를 진행했지만, 그 효과가 크지 않았다. 하지만 특정 시간대에 맞춘 프로모션을 진행하니 결과는 달랐다. 이 시간에 방문하면 더 이득이라는 인식이 생기면서 매출이 25% 상승했다. 고객이 필요할 때 혜택을 제공하는 것이 핵심이다.

　A/B 테스트도 필수다. 같은 할인율이라도 '무료 사이드 메뉴 제공'과 '할인 쿠폰 지급' 중 어떤 방식이 더 효과적인지 실험해 보는 것이다. 한 치킨 전문점에서는 '무료 사이드 메뉴 제공'과 '10% 할인'을 비교해 본 결과, 고객들이 이득을 봤다고 느낀 '사이드 메뉴 이벤트'가 재구매율을

18% 더 높았다는 결과가 나왔다. 단순히 할인을 한다고 해서 고객이 반응하는 것이 아니라, 그들이 어떤 혜택을 더 가치 있게 느끼는지를 파악하는 것이 중요하다. 작은 차이가 매출을 바꾼다.

맞춤형 프로모션도 효과적이다. 신규 고객과 기존 고객은 기대하는 혜택이 다를 수밖에 없다. 신규 고객은 첫 구매 할인, 기존 고객은 누적 구매 혜택을 제공하는 식으로 접근하면 고객 충성도를 높일 수 있다. 한 배달 전문 브랜드에서는 단골손님을 대상으로 '3회 주문 시 1회 무료 제공' 이벤트를 진행했다. 단순히 '10% 할인'보다 '무료 한번 제공'이 더 매력적으로 다가왔고, 덕분에 고객 유지율이 30% 이상 증가했다. 결국 고객이 계속 돌아오고 싶게 만드는 것이 핵심이다.

프로모션이 끝난 후의 분석도 중요하다. 많은 가게가 프로모션을 한번 진행하고 끝내는 경우가 많다. 하지만 효과를 극대화하려면 반드시 결과를 분석해야 한다. 어떤 요소가 효과적이었나, 고객 반응은 어땠는지 점검하고, 부족한 부분을 보완해야 한다. 예를 들어, 한 패스트푸드 브랜드는 특정 시간대에만 적용했던 '1+1 행사'를 진행한 후 고객들의 주문 패턴을 분석했다. 그리고 예상과 다르게 특정 연령층(20대 후반~30대 초반)이 가장 많은 반응을 보였다는 점을 발견했다. 이를 기반으로 타깃을 좁히고, 다음 프로모션에서는 이 연령층을 위한 메뉴 구성을 추가해 효과를 극대화했다.

데이터 분석이 중요한 이유는 불필요한 마케팅 비용을 줄이고, 효과적인 전략을 세우기 위함이다. 만약 같은 비용을 들이면서도 더 높은 매출을 올릴 수 있다면, 더 효과적인 방법을 찾는 것이 당연하다. 한 음식점은 고객 피드백을 바탕으로 SNS에서 '좋아요 500개 달성 시 진 메뉴 10% 할인' 이벤트를 진행했다. 그 결과, SNS 노출량이 3배 증가했고, 방문율도 40% 가까이 상승했다. 즉, 단순한 할인보다 고객이 직접 참여하고 즐길 수 있는 형태로 만들었을 때 효과가 더욱 커졌다.

결국, 프로모션의 효과를 극대화하려면 '데이터 수집 → 분석 → 실험 → 최적화' 과정을 반복해야 한다. 감이 아니라 데이터를 기반으로 움직일 때, 프로모션이 단순한 단기 매출 상승이 아니라 지속적인 성장을 이끄는 강력한 무기가 된다. 고객이 원하는 것을 제공하고, 그것이 효과적인지 확인하고, 개선하는 과정이 쌓이면 어느새 프로모션이 매출 상승의 강력한 무기가 될 것이다. 장사는 결국 숫자로 증명된다. 데이터를 활용한 프로모션은 매출을 안정적으로 성장시키는 핵심 전략이 된다.

💡 가슴에 새겨야 할 장사의 원칙

- 할인은 '유혹'이고, 프로모션은 '설계'다.
- 매출은 그냥 오르지 않는다. 기획한 만큼 움직인다.

2장

2-3 고객을 유혹하는 심리 마케팅

매출을 올리는 '희소성 마케팅'의 힘

할인 없이도 고객을 사로잡는 방법이 있을까? 많은 사장님이 가격을 내리는 것만이 매출을 올리는 유일한 방법이라고 생각하지만, 사실은 그렇지 않다. 사람들은 '지금이 아니면 못 산다'라는 느낌을 받을 때 더욱 강한 구매 욕구를 느낀다. 희소성, 한정판, 그리고 특별함을 강조하는 것이 오히려 강력한 마케팅이 될 수 있다.

예를 들어, 한 프랜차이즈 버거 브랜드에서는 '한 달에 단 5일만 출시하는 한정 메뉴'를 도입했다. 처음에는 단순한 실험이었지만, 의외로 고객들의 반응이 폭발적이었다. 이 기간이 되면 고객들은 기다렸다는 듯 주문했고, 매장마다 조기 매진되는 현상이 나타났다. 이번에 못 먹으면 다음 달까지 기다려야 한다는 심리가 작용하면서 손님들은 오히려 정가를 기꺼이 지불했다.

단골손님들은 "이번 달에도 이 메뉴 나오나요?"라며 기대감을 표했고, 한정된 기간에만 집중적으로 매출이 상승했다. 단순한 할인보다 '놓치면 후회할 것 같은 느낌'을 주는 것이 더 강력한 마케팅이 된 것이다. 희소성을 강조하는 또 다른 방법은 VIP 전용 혜택을 만드는 것이다. 한 카페에서는 멤버십 고객만 주문할 수 있는 스페셜 메뉴를 도입했다. 이 메뉴는 따로 광고하지 않아도 입소문이 나며, 신규 가입 고객이 급격히 증가했다. '나만이 가질 수 있는 특별한 메뉴'라는 감각이 고객 충성도를 높였고, 자연스럽게 반복 구매로 이어졌다. 사람들은 특별 대우를 받을 때 더 큰 만족감을 느낀다. "이거 일반 손님은 못 시키는 메뉴예요"라는 말 한마디가 고객의 자부심을 자극하는 것이다.

나는 치킨 프랜차이즈 마케팅 담당자로 근무하면서 빅모델을 통한 한정판 굿즈 제품을 출시했었다. 그 제품은 강력한 유혹 요소가 되어 매출 상승과 동시에 팬덤을 구축했다. 유명 연예인 한정판 굿즈 제품들은 SNS를 통해 빠르게 확산했고 기존보다 3배 이상 높은 판매율을 기록했다. 비슷한 사례로, 어느 일본 식당에서는 한정판 젓가락 세트를 배포했는데, 고객들은 이 젓가락을 받기 위해 예약을 서둘렀다. 단순한 무료 증정품이 아니라, 이곳에서만 받을 수 있는 특별한 아이템이라는 점이 고객의 소유 욕구를 자극한 것이다. 고객들은 '소장하고 싶은 제품'이라는 느낌이 들면 가격보다는 가치를 우선하게 된다.

심리적으로 사람들은 '희귀한 것'을 더 소중하게 여긴다. 한 명품브랜드는 인기 상품을 의도적으로 적은 수량만 생산해 '대기 명단'으로 만들었고, 이에 따라 오히려 브랜드 가치가 상승하며 판매가 더 활발해졌다. '이걸 갖기 위해 기다려야 한다면 더 가치 있는 제품이겠지?'라는 심리가 작용한 것이다. 한정판이기 때문에 구매 결정을 미루지 않고 즉시 행동하게 되는 효과도 있다. 온라인 쇼핑몰에서도 '잔여 수량 5개'라는 문구 하나만으로도 고객들은 즉각적인 결정을 내리게 한다.

결국, 할인 없이도 고객을 사로잡으려면 '이때 아니면 살 수 없다', '이건 나만 가질 수 있다'라는 감정을 불러일으켜야 한다. 한정 기간만 제공하는 특별 메뉴, VIP 고객만이 받을 수 있는 추가 혜택, SNS에서 공유하고 싶은 디자인과 패키지. 이런 요소들이 결합할 때 고객들은 제품에 더 큰 가치를 느낀다. 고객이 '득템'이라고 느낄 수 있는 요소를 설계하는 것이야말로 진정한 마케팅이다. 이걸 지금 안 사면 후회할 거라는 생각이 들게 만드는 순간, 고객은 망설임 없이 결제 버튼을 누르게 된다.

고객은 물건이 아니라, 스토리를 산다

고객은 단순히 제품을 사는 것이 아니라, 그 제품이 주는 경험과 감정을 함께 구매한다. 그래서 제품의 본질적인 가치보다 '이걸 구매하면 내가 어떤 기분이 들까?'라는 심리적 만족감을 높이는 것이 중요하다.

패키지는 가치를 극대화하는 좋은 방법이다. 치킨 브랜드 중 〈푸라닭〉은 명품 프라다를 연상시키는 블랙의 고급스러운 패키지에 부직포 가방을 추가했고 고객들은 같은 치킨이지만 더 높은 가치를 느끼며 구매했다. 그냥 치킨을 사는 게 아니라, 명품을 구매한다는 감동까지 포함된 것이라 생각한 것이다. 결과적으로 젊은 여성들에게 어필되며 판매량이 증가했다. 단순한 치킨 한 조각이 아니라, '먹는 즐거움'과 '받는 사람의 감동'을 함께 판매한 것이다. 작은 차이가 고객의 소비 결정을 바꾸는 순간이었다.

패키지는 소비자가 경험하는 전체적인 구매 과정을 디자인하는 것이다. 어느 프리미엄 차 브랜드는 단순히 티백을 판매하는 것이 아니라, '티 세트'를 구성해 고급스러운 상자에 차 종류별 샘플과 차를 우리는 방법이 적힌 가이드북을 함께 제공했다. 단순히 차를 마시는 것이 아니라, '차를 제대로 즐기는 경험'을 파는 것이다. 이 브랜드는 할인 없이도 꾸준한 판매율을 유지했고, 고객들은 '이건 나를 위한 작은 사치야'라고 생각하며 기꺼이 구매했다.

번들 구성도 효과적이다. 한 프랜차이즈 브랜드 중 〈치킨나라 피자공주〉라는 브랜드는 우리가 배달 음식을 시킬 때 치킨과 피자 선택에 대한 고민하는 것을 해결하기 위해 '치킨과 피자'를 함께 판매하는 전략으로 만들었다. 고객들은 개별 구매보다 간편하고 더 이득이라고 생각해 자연스럽게 주문했다. '여기서 시키면 한꺼번에 치킨과 피자를 먹을 수 있어 간편하네'라는 생각이 들도록 유도한 것이다. 이렇게 구성을 바꾸는 것만으로도 새로운 아이템이 되고 특별한 가치가 된다.

한 일본식 디저트 가게는 한정판 계절 세트를 도입했다. 봄에는 벚꽃 모양의 화과자를, 겨울에는 따뜻한 말차 라떼와 찹쌀떡 세트를 구성해 계절감을 강조했다. 이 제품은 단순한 간식이 아니라, 계절을 느낄 수 있는 소소한 행복이 되었다. 고객들은 지금이 아니면 못 먹는 메뉴라는 점에 반응했고, 자연스럽게 한정판 효과가 더해지면서 매출이 상승했다.

스토리텔링을 활용하는 것도 강력한 전략이다. 한 로컬 커피 브랜드는 단순한 원두가 아니라 직접 농장에서 공수한 스페셜 티 원두라는 이야기를 더했다. 이 원두가 어떤 과정으로 고객의 손에 들어오는지, 농부들과 어떻게 협업하는지에 대한 스토리를 소개하자 소비자들은 단순한 커피가 아니라 특별한 경험을 구매하는 느낌을 받았다. 가격을 올려도 소비자들은 오히려 더 만족했다. 〈자담치킨〉은 100% 국내산 무항생제 닭고기 사용이라는 메시지를 강조하며, 단순한 치킨이 아니라 건강한 치킨을 제공한다고 홍보했다. 고객들은 단순히 치킨 한 마리를 먹는 것이 아니라, 내 몸을 위한 좋은 음식을 선택하는 사람이 된다는 느낌을 받았다. 그 결과, 타 치킨 브랜드와 차별화가 되며 매출은 꾸준히 증가했다.

결국, 브랜드는 커피 한 잔, 초콜릿 한 개, 치킨 한 마리를 파는 것이 아니라, '나만의 작은 사치', '특별한 경험', '소중한 사람과 함께하는 시간'을 팔아야 한다. 고객이 제품을 구매할 때 단순한 필요를 충족하는 것이 아니라, 그 이상을 넘어 감정적인 만족감까지 얻을 수 있도록 설계해야 한다. 패키지, 번들, 스토리텔링을 활용해 고객이 느낄 가치를 극대화하면, 가격을 올려도 주저 없이 지갑을 열게 만들 수 있다. 중요한 건 할인 없이도 고객이 '이 가격이 아깝지 않다'라고 느낄 수 있도록 만드는 것이다.

앵커링과 디커플링, 가격 심리를 설계하라

앵커링anchoring 효과는 고객이 처음 본 가격을 기준으로 가격을 판단하는 심리적 현상이다. 이를 적절히 활용하면 소비자가 가격을 더 합리적으로 느끼게 만들 수 있다. 예를 들어, 한 프리미엄 레스토랑에서는 가장 비싼 150,000원짜리 스테이크 메뉴를 먼저 보여주고, 이후 80,000원짜리 메뉴를 추천했다. 고객들은 두 번째 가격을 상대적으로 저렴하다고 느끼며 구매 확률이 높아졌다.

실제로 이 전략을 활용한 레스토랑에서는 중간 가격대 메뉴의 판매량이 40% 이상 증가했다. 고객에게 가격을 먼저 제시하는 방식만 바꿔도 매출이 달라지는 것이다. 디커플링decoupling 전략은 고객이 가격을 직접적으로 인식하는 부담을 줄이는 방법이다. 한 멤버십 서비스는 1년 치 구독료를 한 번에 결제하는 방식 대신, 월 단위 결제를 선택할 수 있도록 했다. 소비자들은 '한 번에 큰돈을 쓰는 것'보다 '매달 소액을 지출하는 것'이 부담이 덜하다고 느꼈고, 구독 유지율이 30% 이상 증가했다. 한 프랜차이즈 커피 브랜드는 이를 응용해 커피 정기 구독 서비스를 도입했는데, 고객들은 '매일 한 잔 무료'라는 혜택을 받으며 정기적으로 매장을 방문했고, 추가 구매율도 높아졌다. 결국, 매일 무료로 받는 혜택이라는 감각이 매달 결제하는 비용보다 강하게 인식되면서 고객 유지율이 상승한 것이다.

결국, 고객이 느끼는 가치는 단순한 가격이 아니라 더 많은 혜택, 특별한 경험, 소유의 즐거움에서 나온다. 예를 들어, 한 화장품 브랜드는 기존의 단품 판매 대신 3개월 단위 정기 배송 서비스를 운영해 계속 관리받는 느낌을 제공했다. 결과적으로 재구매율이 50% 이상 증가했다. 고객들은 단순히 스킨케어 제품을 받는 것이 아니라, 꾸준히 관리받고 있다는 심리적 만족을 경험하게 된 것이다. 패키지를 차별화하고, 번들 구성을 활용하며, 제품에 스토리를 입히고, 가격 인식 심리를 활용하면 할인 없이도 고객이 만족하는 구매 경험을 만들 수 있다. 중요한 건 가격이 아니라 고객이 '기분 좋게 소비할 수 있도록' 돕는 것이다. 그들이 이걸 안 사면 후회할 것 같도록 느끼게 만드는 것이야말로 진짜 마케팅이다.

가슴에 새겨야 할 장사의 원칙

- 브랜드는 머리로 선택하지만, 가게는 감정으로 돌아온다.
- 고객은 제품의 가치과 경험을 함께 구매한다.

2장

2-4 브랜드를 만들면 장사가 쉬워진다

오래 가는 가게는 브랜드를 만든다

문영호 대표는 부산을 중심으로 활동하는 유명 마케터이다. 그는 자신의 저서 『팬을 만드는 마케팅』에서 브랜드가 되면 얻는 이점에 대해서 다음과 같이 설명하고 있다.

❶ 소비자가 구매를 고민할 때 제품 카테고리에서 가장 먼저 떠올린다.
❷ 조금 더 비싸도 구매한다.
❸ 소비자가 자발적으로 입소문을 내준다.
❹ 작은 실수는 용서해준다.
❺ 능력 있는 인재를 확보하기 쉽다.
❻ 우리 브랜드의 팬을 얻을 수 있다.

장사를 하다 보면 손님이 꾸준한 가게와 그렇지 않은 가게의 차이가 뭘까 궁금해질 때가 있다. 처음에는 맛과 서비스가 중요하다고 생각하지만, 시간이 지나면 브랜드를 가진 가게가 오래 살아남는다는 걸 알게 된다. 브랜드가 없으면 손님이 쉽게 떠나고, 가격 경쟁에 휘말리며, 매번 새로운 이벤트를 하지 않으면 손님을 유지할 수 없다. 반면, 브랜드를 가진 가게는 손님이 일부러 찾아오고, 단골이 늘어나며, 자연스럽게 확장할 수 있는 구조가 된다.

　대구에서 시작한 〈교촌치킨〉도 처음엔 작은 치킨집이었다. 하지만 간장 베이스의 차별화된 소스와 날개, 다리 부분육을 통해 기존 양념치킨 브랜드와 차별화된 브랜드를 구축했고, 고객들은 자연스럽게 '교촌은 다른 치킨집과 다르다'라는 인식하게 됐다. 결국, 전국적인 프랜차이즈로 성장할 수 있었다. 만약 교촌이 단순한 동네 치킨집으로 남아 있었다면, 지금처럼 1,000개 이상의 가맹점을 가진 브랜드로 성장하기는 어려웠을 것이다.

　〈하남돼지집〉도 마찬가지다. 처음엔 평범한 고깃집이었지만, 직원이 직접 고기를 구워주는 콘셉트와 프리미엄 돼지고기 제공이라는 브랜드 정체성을 확립하면서 차별화에 성공했다. 한때 유행처럼 보였던 이 시스템은 고객들에게 특별한 경험을 제공하면서 단골을 만들었고, 전국적으로 프랜차이즈를 확장하는 기반이 됐다.

　〈세광그린푸드〉의 김슬기 대표도 브랜드 구축의 중요성을 잘 알고 있었다. 처음에는 개인 식당을 운영했지만, 브랜드마다 확실한 콘셉트를 설정하고, 고객이 매장을 방문했을 때 어떤 경험을 해야 하는지까지 고민했다. 기존의 고정관념을 깬 2층 입점 전략의 〈교대이층집〉은 '꽃삼겹'이라는 브랜드 시그니처 메뉴를 만들었고, 〈산청숯불가든〉는 '도심에서도 산청의 멋과 맛을 즐기는 지리산 흑돼지 전문점'이라는 콘셉트를 강화하면서 브랜드를 확장했다.

서울 교대에 있는 〈3대 삼계 장인〉도 같은 원리로 성공했다. 삼계탕은 전국 어디에서나 쉽게 찾을 수 있는 음식이지만, 이곳은 3대째 이어오면서도 잣 삼계탕, 녹두 삼계탕, 수비드 삼계탕 같은 메뉴를 지속적으로 연구하며 차별화를 만들었다. 하지만 단순히 메뉴만 바꾼 것이 아니라, 매장 인테리어, 패키지, 고객 경험까지 '우리는 3대에 걸쳐 내려오는 삼계탕의 장인이다'라는 브랜드 정체성을 유지했다. 덕분에 이곳은 매장 하나에서만 연 매출 50억 원을 기록하며 꾸준한 사랑을 받고 있다.

나는 컨설팅을 하면서 같은 업종, 같은 상권에서도 브랜드를 가진 가게와 그렇지 않은 가게의 차이를 똑똑히 봤다. 브랜드가 없는 가게는 가격 경쟁에서 벗어날 수 없고, 손님이 떠날 때마다 매번 새로운 마케팅을 해야 한다. 하지만 브랜드가 있는 가게는 고객이 신뢰하고 찾게 만들면서 자연스럽게 단골을 늘려간다. 브랜드를 구축하는 가게들은 단순히 음식을 파는 그것이 아니라, 고객에게 경험을 제공한다. 〈교촌치킨〉은 교촌만의 간장 치킨, 〈하남돼지집〉은 직접 구워주는 돼지고기, 〈3대 삼계 장인〉은 전통과 현대가 어우러진 삼계탕이라는 경험을 판다. 이처럼 브랜드가 있으면 고객이 가게를 기억하고, 경쟁이 심해져도 차별화된 강점으로 살아남을 수 있다.

손님은 맛보다 '이야기'를 기억한다

장사를 하다 보면 같은 음식을 팔아도 단골이 끊이지 않는 가게가 있고, 한 번 오고 다시는 발길이 끊기는 가게도 있다. 맛도 비슷하고, 가격도 큰 차이 없는데 왜 이런 차이가 생길까?

바로 이야기의 유무, 즉 '브랜드 스토리의 힘' 때문이다. 손님은 단순히 '여기 맛있다'는 기억만으로는 오래 머물지 않는다.

하지만 이 집은 뭔가 특별하다, 여긴 분위기부터 다르다는 느낌이 들면 자기도 모르게 다시 찾게 된다. 음식 그 자체보다 그곳에서 느낀 감정과 경험이 마음에 남기 때문이다.

'친친소스'는 식품공학 박사 박민정 대표가 개발한 건강한 소스이다. 간장이나 굴소스를 대신 사용할 수 있는 '야채진국', 소금과 액젓을 대신할 수 있는 '야채 한 스푼'이 시그니처 제품이다. 처음에는 건강한 소스라는 콘셉트로 소개했지만 박민정 대표의 어머님이 암으로 고생하실 때 어떻게 건강하면서도 맛있는 한끼를 만들어 드릴 수 있을까를 고민하다가 결국 이 제품이 탄생했다. 제품의 영양학적 요소만 강조할 때보다, 엄마의 암을 고치기 위해 식품공학 박사 딸이 만든 건강한 소스라는 스토리가 대중들에게 큰 사랑을 받게 된 건 당연한 이치였다.

규카츠 전문점 〈후라토식당〉은 브랜드 스토리가 손님을 끌어들이는 대표적 사례다. 직장에 다니던 세 친구가 일본 여행 중 우연히 규카츠 가게에 반해, 불현듯 '우리도 이런 가게를 해보자'고 결심하며 시작된 이 식당은, 이름부터가 일본어 '후라토(ふらっと-뜻밖에, 무심코-)'에서 따왔다. 이 즉흥적인 결정이 손님에게는 신선한 이야기로 다가왔다. 단순히 규카츠를 파는 가게가 아니라, 일본 여행의 감성과 기억을 공유하는 공간이 된 것이다. 이들은 일본 감성을 살리기 위해 인테리어, 개인 화로에 구워 먹는 방식, 메뉴명 하나까지 섬세하게 설계했다. 작은 매장이지만, 도쿄 골목에서 우연히 발견한 숨은 맛집 같은 느낌을 주었고, 이는 손님에게 단순한 식사 이상의 경험을 선사했다. 그 결과, 〈후라토식당〉은 30평 규모의 매장에서 월매출 1억 원을 기록하며 브랜드로 자리 잡았고, 이후 프랜차이즈로 확장까지 이어졌다.

비슷한 사례로, 최근 핫한 〈고기리 막국수〉를 들 수 있다. 경기도 용인의 고기리에서 시작한 이 가게는 오픈 당시만 해도 별다른 마케팅 없이 조용히 시작했다. 그런데 SNS상에서 '고즈넉한 산속에서 먹는 막국수', '기다림조차 설레는 맛집'이라는 입소문이 퍼지며 엄청난 대기열을 만들었다. 그 중심에는 철저히 설계된 브랜드 경험이 있었다. 음식 맛은 기본, 대기 공간, 외관 디자인, 접객 방식, 그리고 자연과 어우러진 분위기까지 하나의 이야기처럼 연결된 브랜드 이미지가 손님을 설득했다.

사람들은 막국수를 먹으러 갔다기보다 '고기리 막국수'라는 경험을 하러 간다고 말한다. 바로 이 차이가 단순한 식당과 기억에 남는 가게의 차이다. 똑같은 음식, 비슷한 가격이어도 브랜드가 있는 가게는 무너지지 않는다. 결국, 장사는 단순히 음식을 파는 일이 아니다. 손님과 감정적으로 연결되고, 그 연결을 기억하게 만드는 것이 진짜 장사다. 맛은 쉽게 잊혀도, 이야기는 오래 기억된다. 그리고 오래 기억되는 가게만이 오래 살아남는다.

손님을 끌어당기는 브랜드의 조건

브랜드를 구축한 가게는 마케팅이 쉬워지고, 차별화가 되며, 자연스럽게 성장할 수 있는 기반이 만들어진다. 〈런던베이글뮤지엄〉은 브랜드 구축이 얼마나 강력한 마케팅 도구가 될 수 있는지를 보여주는 대표적인 사례. 단순한 베이글 가게가 아니라 영국 런던에서 즐기는 베이글이라는 브랜드 스토리를 만들고, 매장 인테리어와 메뉴 구성까지 철저하게 이 콘셉트에 맞췄다. 덕분에 손님들은 베이글을 먹는 것이 아니라, 런던의 감성을 경험하는 특별한 시간을 보낸다는 느낌을 받게 되었고, 자연스럽게 SNS에 인증하며 입소문을 냈다. 매장이 곧 하나의 콘텐츠가 되면서, 전국적인 인지도를 얻을 수 있었다.

브랜드를 구축하면 차별화도 자연스럽게 이루어진다. 같은 베이글을 팔아도, 〈런던베이글뮤지엄〉은 영국식 베이글, 크림치즈를 곁들인 오리지널 레시피, 유럽 감성을 살린 매장 분위기를 내세우면서 다른 베이글 가게들과 확실히 차별화했다. 고객들은 단순히 베이글을 사 먹는 것이 아니라, 이곳에서만 느낄 수 있는 경험을 원해서 찾아온다. 이러한 차별화는 곧 가격 경쟁에서 자유로워지는 기반이 되었다.

브랜드가 탄탄한 가게는 성장 속도도 다르다. 배달 전문으로 시작했던 〈도삭면 공방〉은 '중국식 도삭면을 한국식으로 재해석한 브랜드'라는 스토리를 만들면서 빠르게 프랜차이즈로 성장했다. 일반적인 중국 음식점과 달리, 면을 직접 깎아 만든다는 브랜드 이미지를 강조하며 독자적인 시장을 만들었다. 손님들은 단순한 중국 음식이 아니라, 이곳에서만 맛볼 수 있는 도삭면이라는 인식을 가지게 되었고, 차별화된 브랜드 덕분에 빠르게 가맹점이 늘어날 수 있었다.

장사는 하루하루 버티는 것이 아니라, 꾸준히 성장할 수 있는 시스템을 만드는 과정이다. 브랜드가 있으면 마케팅이 쉬워지고, 차별화가 자연스럽게 이루어지며, 가게가 확장할 기회도 많아진다. 브랜드를 구축하면 장사가 훨씬 쉬워진다. 손님이 이유 없이 찾아오는 것이 아니라, 브랜드를 경험하려고 일부러 찾게 만들어야 한다. 결국 오래가는 가게는 브랜드를 만든다. 브랜드를 구축하는 가게가 결국 살아남는다.

💡 가슴에 새겨야 할 장사의 원칙

- 장사는 오늘 팔지만, 브랜드는 내일을 만든다.
- 단골은 브랜드를 기억하고, 가게를 찾아온다.

3장

고객이 알아서 찾아오는 가게의 비밀

3장

3-1 줄 서는 가게엔 반드시 이유가 있다

고객이 '값어치 있다'고 느끼는 가격의 기술

가게를 운영하면서 가격을 어떻게 정해야 할지 고민해 본 적 있는가? '이 정도면 괜찮겠지', '옆 가게보다 1,000원만 싸게 해보자', '우리 가게는 맛있으니까 좀 비싸도 손님이 올 거야' 이런 식으로 대충 가격을 정했다면 지금부터 생각을 좀 바꿔야 한다. 가격은 단순한 숫자가 아니다. 고객이 가게를 선택하는 중요한 기준이자 매출과 수익을 결정짓는 핵심 전략이다.

동대문구에 있던 초밥집 사장님 사례이다. "옆 가게보다 2천 원 싸게 팔면 손님이 몰릴 줄 알았어요. 근데 왜 손님이 더 줄어드는 거죠?" 이유는 간단했다. 싸다고 무조건 손님이 오는 게 아니다. 오히려 '왜 이렇게까지? 질이 떨어지는 거 아냐?'라는 의심을 사게 된 것이다. 반면, 같은 동네에서 숙성 초밥이라는 콘셉트로 가격을 2만 원 이상으로 책정한 가게는 손님이 몰렸다. 고객들은 단순히 초밥을 사는 게 아니라 특별한 경험을 사는 것이다.

가격을 결정할 때 가장 중요한 것은 고객이 그 가격을 어떻게 받아들이느냐이다. 똑같은 커피 한 잔도 편의점에서는 1천 원, 스타벅스에서는 5천 원이 넘는다. 왜? 커피 맛 때문만은 아니다. 서비스, 분위기, 브랜드 가치를 포함한 '경험'이 가격에 반영되었기 때문이다. 음식점도 마찬가지다. 한번 생각해 보자. 비싼 돈을 내고 가는 레스토랑에서 음식이 맛있기만 하면 되는가? 아니다. 직원의 응대, 매장의 분위기, 플레이팅, 심지어 배경 음악까지 고객의 지갑을 열게 만드는 요소다.

여기서 또 하나 짚고 넘어가야 할 것이 수요 탄력성이다. 쉽게 말해, 가격을 올렸을 때 손님이 얼마나 반응하는지를 뜻한다. 어떤 음식은 가격이 조금만 올라가도 손님이 확 줄어든다. 반면, 어떤 음식은 가격을 올려도 여전히 사람들이 찾는다. 한 파스타집 사장님은 처음에 가격을 너무 낮게 잡았다가 원가 부담에 허덕였다. 그래서 가격을 올려야겠다고 마음먹었지만, 손님이 줄어들까 봐 걱정됐다. 그런데 막상 가격을 2천 원 올려보니 손님이 줄기는커녕, 오히려 '여긴 재료를 좋은 걸 쓰나 보다'라는 인식이 생겼다. 그제야 그는 깨달았다. 가격을 정할 때는 원가만 보는 게 아니라, 고객이 그 가격을 납득할 수 있도록 만드는 것이 중요하다.

또 하나, 가격을 책정할 때는 시간대별, 고객층별 차별화 전략도 필요하다. 예를 들어, 점심 장사는 경쟁이 치열하니 가성비 메뉴를 앞세우고, 저녁에는 프리미엄 메뉴를 추가해 가격을 높이는 방식이다. 실제로 한 고깃집 사장님은 이런 전략을 사용해 매출을 30% 이상 끌어올렸다. 점심에는 특가 정식을 제공해 손님을 끌어모으고, 저녁에는 숙성 한우를 핵심으로 내놓았다. 결과는? 점심에는 회전율이 높아지고, 저녁에는 높은 단가로 수익이 극대화됐다.

경쟁이 치열한 업종에서는 어떤 가격이 고객을 만족시키고, 내 수익을 남기는가를 고민해야 한다. 단순히 옆 가게보다 싸게 파는 것이 능사가 아니다. 경쟁 가게보다 가격이 높더라도 여기서 이 돈을 내는 게 합리적이라고 고객이 느낄 수 있다면 문제없다. 가격을 올리더라도 가치를 설득할 수 있어야 한다. 예를 들어, 한 족발집 사장님은 족발 가격을 비싸게 책정했지만, 곁들여 먹을 다양한 사이드 메뉴를 추가하고 '족발과 환상 궁합'이라는 마케팅을 했다. 그 결과, 족발 단품을 저렴하게 파는 가게들보다 객단가가 훨씬 높아졌고, 손님들도 만족했다.

가격 결정에서 또 하나 중요한 것은 고객 심리다. 사람들은 단순히 가격이 싸다고 선택하는 게 아니라, 이 가격이 합리적인가, 내가 이만큼 지불할 가치가 있나를 먼저 따진다. 9,900원, 14,900원 같은 심리적 가격을 활용하는 것도 좋은 방법이다. 마치 10,000원과 9,900원의 차이가 크지 않은 것 같지만, 고객들은 '만원보다 싸네?'라고 인식하게 된다. 이런 작은 차이가 매출에 큰 영향을 미친다.

장사하면서 가장 피해야 할 실수 중 하나가 가격을 감으로 정하는 것이다. 원가만 고려해 가격을 정하면 남는 게 없고, 경쟁 가게만 보고 가격을 정하면 내 가게만의 차별점을 잃는다. 가격은 전략이다. 그리고 이 전략을 제대로 세우는 것이야말로 장사를 지속할 수 있는 비결이다. 오늘부터 한번 고민해 보자. 내 가게의 가격은 고객들에게 어떤 가치를 전달하고 있는가? 그리고 고객들이 기꺼이 지갑을 열게 만들기 위해 어떤 전략을 세울 것인가? 장사는 결국 심리 싸움이다. 고객이 이 가게에서 이 가격을 내는 게 아깝지 않다고 느끼는 순간, 매출은 자연스럽게 따라온다. 가격을 정하는 순간부터, 당신의 장사는 한 단계 더 성장할 수 있다.

손님이 더 사게 만드는 세트 구성의 기술

가게에서 가장 인기 있는 메뉴가 무엇인지 생각해 보자. 혹시 그 메뉴 하나만 믿고 장사를 하고 있지는 않은가? 장사가 잘되는 가게들은 단순히 운이 좋은 것이 아니다. 메뉴 하나를 팔아도 남다른 전략이 있기 때문이다. 그 핵심이 바로 세트 메뉴다. 맥도날드에서 단품을 시키는 경우는 드물다. 대부분 세트를 선택하는 이유는 '이 가격에 이만큼이나?'라는 생각이 들게 했기 때문이다. 단품보다 세트가 더 비싼데도 사람들은 주저 없이 세트를 선택한다. 왜냐하면 돈을 더 내면서도 이게 더 이득이다라고 느끼게끔 설계되어 있기 때문이다.

장사를 하면서 가장 고민해야 할 것은 '손님이 지갑을 열면서도 기분 좋게 돈을 쓰게 하려면 어떻게 해야 할까?'이다. 단순히 가격을 싸게 만드는 것이 아니라, 고객이 이 가격이면 괜찮다라고 생각하게 만들어야 한다. 그렇다면 어떻게 해야 할까? 장사가 잘되는 가게들이 쓰는 가치 메뉴 구성법을 살펴보자. 먼저, 우리 가게의 객단가를 체크해야 한다. 손님 한 명이 평균적으로 얼마를 쓰는지 아는 것이 중요하다. 예를 들어, 한 고깃집의 객단가가 2만 원이라고 가정해보자. 그런데 고기 한 판이 1만8천 원이라면 손님은 그냥 고기만 먹고 끝낼 확률이 높다. 반대로, 고기 가격을 1만5천 원으로 낮추고, 사이드 메뉴나 술을 추가하도록 유도하면 어떨까? 손님이 자연스럽게 더 많은 돈을 쓰게 되는 구조가 만들어진다.

그다음, 세트 메뉴를 어떻게 구성할지를 고민해야 한다. 중요한 것은 손님이 합리적으로 느끼는 조합을 만들어야 한다는 것이다. 인기 메뉴끼리 묶어놓기만 한다고 되는 것이 아니다. 손님이 이걸 추가하면 더 만족스럽겠다고 생각하게 만들어야 한다. 예를 들어, 햄버거 단품이 6천 원이고, 감자튀김과 콜라 포함한 세트가 8천 원이면 손님들은 세트를 선택할 확률이 훨씬 높아진다.

치킨집을 운영하는 사장님 한 분이 처음에는 단품 위주로 판매했다. 그러다 '치맥 세트'와 '떡볶이+튀김 세트' 같은 조합을 만들었더니 매출이 확 올랐다. 같은 메뉴라도 어떻게 조합하느냐에 따라 객단가가 달라진다는 것이다. 여기서 한 단계 더 나아가면, 번들링 전략을 활용할 수 있다. 쉽게 말해, 단품을 따로 사는 것보다 세트로 묶어서 사는 것이 더 저렴하게 보이게 만드는 것이다. 한 초밥집을 예로 들어보자. 초밥 한 개

단품이 2천 원이고 10개 세트가 1만8천 원이면 단품으로 10개 사면 2만 원이지만, 세트로 사면 2천 원을 아낄 수 있다. 고객은 '같은 걸 먹어도 세트가 더 이득이네'라고 생각하게 된다.

패스트푸드점도 이 전략을 적극적으로 활용하고 있다. 감자튀김과 음료를 따로 사면 5천 원인데, 세트로 사면 3천 원이면 된다. 고객들은 무조건 세트를 선택하게 되어 있다. 중요한 것은 세트 메뉴가 훨씬 합리적으로 보이게 만들어야 한다는 점이다. 그런데 여기서 끝나면 안 된다. 대박집들은 메뉴 구성을 한 번 정해놓고 끝내지 않는다. 고객 반응을 계속 보면서 메뉴를 바꿔 간다. 한 돈가스집 사장님은 처음에는 '돈가스+우동 세트'를 밀었다. 그런데 손님들 반응을 보니 '우동보다 샐러드가 좋다', '김치볶음밥이랑 같이 나왔으면 좋겠다' 같은 피드백이 많았다. 그래서 김치볶음밥을 추가한 세트를 만들었다. 결과적으로 그 메뉴가 가장 잘 팔리는 주요 메뉴가 되었다.

이처럼 고객 반응을 보면서 '가장 잘 팔리는 조합'을 찾아가는 과정이 정말 중요하다. 그냥 감으로 메뉴를 구성하면 안 된다. 꾸준히 판매 데이터를 분석하면서 어떤 메뉴가 가장 반응이 좋은지 체크해야 한다. 결국, 세트 메뉴를 활용하면 같은 재료로도 더 높은 매출을 올릴 수 있다. 손님이 지갑을 열면서도 기분 좋게 돈을 쓰게 만드는 방법, 이제 감이 올 것이다. 이제 당신의 가게에도 세트 메뉴 전략을 적용해 보자. 손님이 더 많은 돈을 쓰면서도 기분 좋게 나가게 만드는 것, 그것이 장사의 기술이다.

시그니처 메뉴 하나가 가게의 운명을 바꾼다

장사를 하다 보면 이런 생각이 들 때가 있다. '우리 가게만의 특별한 메뉴가 있으면 좋을 텐데…' 손님이 오면 무조건 이걸 시켜야 한다고 느낄 만큼 강력한 메뉴 하나. 어디 가서도 우리 가게만의 맛이라고 당당하게 말할 수 있는 그런 메뉴 말이다. 장사가 잘되는 곳을 보면 꼭 하나씩 그런 메뉴가 있다. 〈맥도날드〉에는 빅맥이 있고, 〈교촌치킨〉에는 간장치킨이 있다. 일본의 유명 라멘집 〈이치란 라멘〉에는 돈코츠 라멘이 있고, 뉴욕의 〈쉐이크쉑〉은 그들만의 독특한 버거로 전 세계를 사로잡았다. 이런 시그니처 메뉴가 있으면 손님은 이유 없이 찾아오는 것이 아니라, '그걸 먹으러' 찾아온다.

많은 사장님이 시그니처 메뉴를 만들고 싶어 하지만, 어디서부터 시작해야 할지 막막해한다. 그냥 잘 팔리는 메뉴를 시그니처 메뉴로 정하면 되는 걸까? 아니면 손님들이 좋아할 만한 새로운 메뉴를 개발해야 할까? 고민이 끝없이 이어진다. 하지만 중요한 건 의외로 간단하다. 손님이 다시 찾아오게 만들고, 입소문을 탈 수 있는 메뉴라면 그게 바로 시그니처 메뉴다. 시그니처 메뉴를 만들기 위해 가장 먼저 해야 할 일은 손님이 누구인지 아는 것이다.

우리 가게를 찾는 손님들이 어떤 연령대인지, 무엇을 기대하는지 분석해야 한다. 20대 여성이 많은 카페라면 SNS에 올리기 좋은 비주얼이 중요할 것이고, 40~50대 직장인이 주로 오는 한식당이라면 전통적인 맛을 살리면서도 남다른 차별점을 찾는 게 필요하다. 경쟁 가게를 분석하는 것도 중요하다. 같은 골목에 비슷한 메뉴를 파는 가게가 있다면, 단순히 같은 음식을 따라 하기보다는 우리는 뭐가 다를까를 먼저 고민해야 한다. 가격이 경쟁력일 수도 있고, 플레이팅이 강점이 될 수도 있으며, 특별한 재료를 사용해 차별화할 수도 있다. 예를 들어, 일반적인 삼겹살집과 차별화를 위해 프리미엄 숙성 삼겹살을 내세운다면, 그게 곧 시그니처 메뉴가 될 수 있다.

완벽한 시그니처 메뉴는 한 번에 나오지 않는다. 처음부터 대박 메뉴를 만들겠다고 욕심내기보다는 손님들의 반응을 보며 점점 다듬어 가야 한다. 〈쉐이크쉑〉도 처음에는 단순한 버거 가게였지만, 고객의 피드백을 반영해 독특한 소스와 조리법을 개발하면서 글로벌 브랜드가 되었다. 손님들의 반응을 체크하면서 계속해서 메뉴를 업그레이드해야 한다. "이건 좀 더 바삭했으면 좋겠어요", "이 소스는 너무 매워요", "이 조합이 너무 좋네요" 같은 손님들의 말을 그냥 듣고 넘기지 말고, 적극적으로 반영해야 한다. 인기 없는 메뉴는 과감하게 빼고, 반응 좋은 메뉴는 더 살리는 전략이 필요하다.

성공한 시그니처 메뉴에는 몇 가지 공통점이 있다. 첫째, 고유성이 있어야 한다. 남들과 똑같은 메뉴라면 손님이 굳이 우리 가게를 찾아올 이유가 없다. 둘째, 대중성을 고려해야 한다. 너무 특별하기만 한 메뉴는 오히려 외면받을 수도 있다. 셋째, 비주얼이 좋아야 한다. 요즘 손님들은 먹기 전에 사진을 찍는다. SNS에 올릴 만큼 매력적인 비주얼이면 자연스럽게 홍보 효과가 난다. 넷째, 스토리가 있어야 한다. "이건 사장님이 직접 해외에서 배워 온 레시피예요", "이건 우리 할머니가 해주던 방식 그대로 만든 거예요" 같은 이야기 하나만 있어도 손님들은 그 메뉴를 더 특별하게 받아들인다.

아무리 좋은 메뉴를 만들어도 사람들이 모르면 소용이 없다. 시그니처 메뉴가 탄생했다면, 이제는 알리는 것이 중요하다. SNS를 적극적으로 활용하고, 블로그와 인스타그램을 통해 우리 가게의 대표 메뉴를 강조해야 한다. "우리 가게의 시그니처 메뉴는 이런 특별한 점이 있습니다"라고 말할 수 있어야 손님들도 관심을 가진다. 시그니처 메뉴 하나가 가게의 운명을 바꿀 수도 있다. 손님들이 한 번 맛보고 만족하면, 그들은 그 메뉴를 먹으러 다시 찾아올 것이다. 그리고 입소문이 나면서 자연스럽게 새로운 고객이 유입될 것이다.

이제 고민해 보자. 우리 가게에서 가장 특별한 메뉴는 무엇인가? 손님이 굳이 우리 가게를 찾아올 이유는 무엇인가? 이 질문에 대한 답을 찾는 순간, 당신의 가게에도 강력한 시그니처 메뉴가 탄생할 것이다. 그리고 그 메뉴가 당신의 가게를 대박집으로 만들어줄 것이다.

💡 가슴에 새겨야 할 장사의 원칙

- 고객은 줄을 서며 기대하고, 머무르며 충성한다.
- 그 기대를 충족시키는 가게만이 살아남는다.

3장

3-2 첫인상이 매출을 결정한다

손님은 간판 보고 들어온다

가게를 지나가다 한 번쯤 이런 경험을 해봤을 것이다. 뭔가 맛있어 보이는 가게가 있는데 간판이 너무 낡고, 매장 외관이 어두컴컴해서 괜히 들어가기가 망설여졌던 경험 말이다. 반면, 깔끔한 간판과 밝은 조명이 있는 가게는 '여기 뭐 하는 곳이지?' 하며 한 번쯤 들여다보게 된다. 이처럼 첫인상은 고객이 가게에 발을 들일지 말지를 결정하는 중요한 요소다.

치킨 프랜차이즈에 근무할 때 간판만 바꾸어도 매출이 오르는 경우를 많이 보았다. 장사가 안되는 매장은 간판 조명이 나가거나 빛이 바래서 눈에 안 띄고 딱 봐도 오래된 느낌에 배달만 하나 싶은 매장들이 많다. 더군다나 매장 유리면에는 포스터를 덕지덕지 붙여서 안이 어떻게 생겼는지 전혀 보이지 않는 곳이 많았다. 이런 상태에서 지나가는 손님이 어떻게 관심을 가질 수 있을까?

    단순히 새 간판을 달기만 하면 끝이 아니라, 브랜드의 특성을 살려 시선을 끌 수 있는 디자인도 반드시 고려해야 한다. 예를 들어, 치킨집이라면 닭 그림을 귀엽게 넣거나, 매장의 대표 메뉴를 간판에 강조하는 방식이다. 조명도 중요하다. 밤에도 눈에 띄도록 LED 조명을 추가하고, 지나가는 사람들이 간판을 보고 메뉴를 쉽게 떠올릴 수 있도록 해야 한다. 색상도 중요하다. 너무 강한 색감보다는 따뜻하고 신뢰감을 줄 수 있는 색상을 선택해 가게의 분위기를 부드럽게 만들어야 한다.

    쇼윈도우를 조금만 손을 봐도 매출이 오른 사례도 많다. 내가 다니던 프랜차이즈 본사에는 CS팀이 존재했는데 그 팀은 가맹점의 만족을 위해 돕고 지원하는 부서였다. 직원들이 매장에 방문하면 가장 먼저 하는 것이 간판 청소와 외관 정비였다. 기존에는 막혀 있던 창을 개방해 안이 보이도록 하고, 고객이 가장 좋아하는 대표 메뉴 사진 한 개만을 큰 포스터로 붙였다. 이렇게 바꾸고 나니 손님들이 "여기 새로 생긴 곳인가요?"라고 물어보며 관심을 보이기 시작했다. 실제로 지나가던 사람들이 안을 들여다보며 궁금해하고, 매장 분위기를 보고 편안해 보여서 들어오는 경우가 많아졌다. 그중 몇몇 고객은 "여기는 뭔가 다르네요, 분위기가 좋아요"라며 사진을 찍어 SNS에 공유하기도 했다. 자연스럽게 홍보 효과까지 얻게 된 것이다.

    외관을 정리하는 데는 사실 그렇게 많은 돈이 들지 않지만 바뀐 첫인상 덕분에 매출은 눈에 띄게 증가했다. 몇 주 후 사장님이 "진작 이렇게 바꿀 걸 그랬어요"라며 활짝 웃던 모습이 아직도 기억난다. 그리고 더 중요한 것은 단순히 매출이 늘어난 것이 아니라, 가게의 이미지가 완전히 새롭게 정립되었다는 점이다. 예전에는 그냥 지나치던 손님들이 이제는 이곳은 뭔가 신경 쓴 가게라는 인식하기 시작한 것이다. 이후 사장님은 외관뿐만 아니라 내부도 고객 중심으로 개선하기 시작했다. 내부 좌석 배치를 바꾸어 고객들이 좀 더 편하게 앉을 수 있도록 했고, 조도를 조절해 따뜻하고 아늑한 분위기를 연출했다. 음악도 단순한 TV 방송이 아니라, 매장의 분위기에 맞는 플레이리스트를 틀어 고객이 좀 더 머물고 싶게 만들었다. 이런 세심한 변화들이 쌓이면서 고객들의 만족도가 올라가고, 재방문율도 확연히 증가했다.

첫인상은 단순히 깔끔한 외관을 넘어서, 고객이 이 가게는 믿을 만하다, 한 번쯤 가볼 만하다고 느끼게 만드는 것이 핵심이다. 장사는 음식 맛도 중요하지만, 먼저 고객이 문을 열고 들어오게 만들어야 한다. 간판, 매장 외관, 쇼윈도우가 그 시작이다. 작은 변화 하나가 고객의 마음을 사로잡고, 결국 매출로 이어진다. 첫인상이 변하면 가게의 운명도 바뀐다.

주문은 빠르게, 객단가는 높게 만드는 메뉴판 구성법

가게에 들어가서 메뉴판을 봤는데, 글씨가 너무 작거나 메뉴가 복잡하게 나열돼 있으면 어떤 기분이 들까? 메뉴는 고객 입장에서 메뉴를 한눈에 보고 쉽게 결정할 수 있어야 한다. 너무 많은 정보가 한꺼번에 있거나 가격이 보이지 않으면 불편함을 느낀다. 결국 고민하다가 '아, 나중에 다시 오자'라며 발길을 돌리는 경우도 생긴다. 가게에서 음식을 맛있게 만드는 것도 중요하지만, 고객이 주문을 쉽게 할 수 있도록 돕는 것도 매출을 높이는 중요한 요소다.

내가 컨설팅했던 한 분식집이 딱 그랬다. 음식 맛은 좋았지만, 손님들이 주문할 때 시간이 오래 걸렸다. 메뉴판을 보니 글씨 크기가 작고, 같은 종류의 메뉴가 여러 번 반복되어 있었다. 가격도 잘 보이지 않아서 손님들이 직원에게 계속 가격을 물어보는 상황이 이어졌다. 특히 점심시간처럼 바쁜 시간 대에는 주문이 지연되면서 고객들이 기다리는 시간이 길어졌고, 회전율도 떨어졌다. 고객의 불편함이 커지면서 자연스럽게 재방문율도 낮아질 수밖에 없었다.

해결책은 간단했다. 메뉴판을 최대한 직관적으로 정리하고, 가독성을 높이는 것이었다. 같은 카테고리의 메뉴를 한눈에 들어오게 정리하고, 가격을 크고 명확하게 표시했다. 인기 메뉴는 사진과 함께 강조해서 처음 방문한 손님들도 바로 선택할 수 있도록 했다. QR코드를 추가해 고객들이 스마트폰으로 추가 정보를 확인할 수 있도록 했다. 또한, 고객들이 자주 찾는 메뉴 조합을 분석해 '추천 세트'로 구성하고, 이를 눈에 띄게 배치했다. 변경 후 손님들의 반응이 달라졌다. '와, 이제는 메뉴 선택이 훨씬 편하네요'라고 말하며 주문이 빠르게 진행되었고, 회전율도 자연스럽게 상승했다. 점주 또한 "이전보다 주문 과정이 한결 원활해졌다"라며 효과를 실감했다.

이처럼 가게에서 메뉴판과 가격표는 단순한 안내판이 아니라, 고객이 편하게 주문할 수 있도록 돕는 중요한 요소다. 작은 차이지만, 고객이 느끼는 편리함은 매출로 직결된다. 복잡한 디자인보다 심플하고 직관적인 메뉴판이 고객을 잡는다. 메뉴를 쉽게 이해하고 빠르게 결정할 수 있도록 돕는 것이 장사의 기본이다. 또한, 나아가 고객들이 자주 주문하는 조합을 '추천 세트'로 구성해 메뉴판에 배치하면 선택의 부담을 덜어주면서도 객단가를 자연스럽게 높일 수 있다.

메뉴판을 구성할 때는 색상 대비도 중요하다. 배경색과 글자 색이 비슷하면 가독성이 떨어지고, 메뉴를 찾기가 어려워진다. 따라서 명확한 대비를 주어 글자가 한눈에 잘 보이도록 해야 한다. 예를 들어, 어두운 배경에는 밝은 색상의 글자를 사용하고, 너무 많은 색을 사용하기보다는 브랜드 콘셉트에 맞춰 통일감 있게 디자인하는 것이 중요하다. 또한, 메뉴명과 가격을 같은 줄에 배치해 시선이 자연스럽게 따라가도록 하면 고객이 가격을 쉽게 인지할 수 있다.

한편, 디지털 메뉴판을 활용하는 것도 좋은 방법이다. 패스트푸드점이나 셀프 주문 시스템을 운영하는 곳에서는 전자 메뉴판이나 키오스크를 활용해 고객이 직접 메뉴를 확인하고 주문할 수 있도록 한다. 이를 통해 주문 과정이 간편해지고, 직원의 업무 부담도 줄어든다. 게다가, 전자 메뉴판을 활용하면 실시간으로 메뉴 변경이 가능하고, 한정 수량 이벤트나 프로모션을 효과적으로 안내할 수도 있다. 이러한 스마트 메뉴판 도입 사업도 정부 지원이 많으니 이 부분도 활용하면 좋다.

결국, 고객 입장에서 메뉴판을 설계하는 것이 가장 중요하다. 메뉴의 배치, 글씨 크기, 가격 표시, 추천 메뉴 구성 등 작은 부분까지 신경 쓰면 주문 과정이 한결 원활해지고, 매출 상승에도 긍정적인 영향을 미친다. 무조건 많은 정보를 담으려 하기보다는 고객이 한눈에 이해하고 편리하게 선택할 수 있도록 구성하는 것이 핵심이다. 고객 입장에서 생각하고 설계된 메뉴판이야말로 장사에서 가장 효과적인 마케팅 도구가 될 수 있다.

'어서 오세요'가 진심이면, 손님은 다시 온다

일본 이자카야의 신 우노 다케시는 자신의 책 『장사의 신』에서 접객에 대한 중요성을 다룬다.

그는 경영방침에서 가장 중요한 요소로 '손님의 마음을 알고 싶어 하는 자세야말로 음식점 경영자에게 빠져선 안 되는 자질이다'라고 말한다. 본인 자신은 물론이거니와 직원들을 뽑을 때에도 가장 우선순위로 보는 사항이 어떻게 손님들을 즐겁게 해줄 것인가라는 관점에서 직원들을 채용한다고 말한다. 즉 외모, 학력, 경력보다 더 중요하게 보는 것이 손님들을 즐겁게 해주는 능력을 제일 먼저 본다고 했다. 왜 그럴까? 그만큼 장사에 있어서 손님과 직원과의 소통과 관계 형성은 가장 중요한 핵심 전략이라고 할 수 있다.

고객이 가게에 들어왔을 때 가장 먼저 마주하는 것이 직원의 인사다. "어서 오세요"라고 밝고 친절하게 맞이하는 것만으로도 고객은 기분이 좋아진다. 반대로 무뚝뚝하거나 무심한 태도를 보이면 첫 방문이 마지막 방문이 될 가능성이 높다. 고객은 서비스의 질을 음식 맛만큼이나 중요하게 생각한다. 심지어 어떤 고객은 음식 맛은 조금 아쉬워도, 친절한 곳이면 다시 가게 된다고 말할 정도로, 응대의 중요성은 생각보다 크다. 가게의 첫인상이 고객의 기억에 남는 요소가 되기 때문에 첫 만남부터 긍정적인 경험을 제공하는 것이 중요하다.

한번은 내가 컨설팅한 한 카페에서 직원 교육을 진행한 적이 있었다. 이곳은 커피 맛도 좋고 분위기도 아늑한데 손님들의 재방문율이 낮았다. 원인을 찾아보니 직원들의 응대 태도가 다소 소극적이었다. 손님이 들어와도 별다른 환영 인사가 없고, 주문받을 때도 기계적으로 응대하는 경우가 많았다. 심지어 손님이 나갈 때도 "감사합니다"라는 말 한마디 없이 조용히 보내는 경우도 직원도 있었다. 이런 작은 태도가 고객의 인상을 좌우한다. 고객은 단순히 제품을 구매하는 것이 아니라, 가게에서 느끼는 감정과 경험을 소비하는 것이다.

직원 교육을 통해 세 가지를 바꾸도록 제안했다. 첫째, 고객이 들어오면 눈을 맞추고 밝게 인사하는 것이었다. 손님이 들어올 때 활기차게 "어서 오세요"라고 말하며 눈을 맞추면, 고객들은 환영받는 느낌을 받는다.

특히 바쁜 시간대에도 짧은 눈 맞춤과 인사만으로도 고객에게 긍정적인 인상을 줄 수 있다. 둘째, 대표 메뉴나 인기 있는 음료를 자연스럽게 추천하는 거였다. 예를 들어, "오늘은 저희 시그니처 라떼 한 번 드셔보세요. 많은 분이 좋아하세요"라고 하면 고객의 선택이 훨씬 쉬워진다. 추천받을 때 고객은 자신이 존중받고 있다는 느낌을 받으며, 자연스럽게 가게에 대한 신뢰도 높아진다. 셋째, 고객이 주문할 때 취향을 물어보고 맞춤형 추천을 제공하기였다. "단맛이 강한 걸 좋아하시나요, 아니면 깔끔한 맛을 원하시나요?"라고 한마디만 물어봐도, 고객은 '이곳은 내 취향을 존중해주는구나'라고 느끼게 된다.

　이렇게 변화한 이후, 교육을 통해 직원들이 변화하자 손님들은 좀 더 친근한 분위기 속에서 서비스를 받게 되었고, 자연스럽게 단골이 증가했다. 특히, 손님들이 카운터에서 직원과 대화하며 "여기 직원들이 참 친절하네요"라는 말을 자주 하기 시작했고, 몇몇 단골들은 자신이 선호하는 메뉴를 말하지 않아도 직원이 먼저 기억해 추천해 주는 개인 맞춤형 서비스까지 제공받았다. 고객과의 관계가 단순한 판매자와 소비자의 관계가 아니라, 친숙하고 편안한 소통이 이루어지는 관계로 발전한 것이다. 또한, 고객이 나갈 때도 마지막 인사는 매우 중요하다. "감사합니다! 좋은 하루 보내세요"라는 짧은 한마디가 고객의 기억에 남는 요소가 된다. 첫 응대만큼이나 마지막 응대도 고객의 인식을 결정하는 중요한 부분이다. 이러한 작은 차이가 고객의 만족도를 높이고, 재방문으로 이어지게 만든다.

이처럼 첫 응대의 작은 변화가 고객의 마음을 움직이고, 재방문을 만들어내는 강력한 요소가 된다. 직원들이 고객을 대하는 태도 하나만으로도 가게의 분위기가 달라지고, 고객의 충성도는 높아진다. 친절한 응대와 작은 배려가 결국에는 장기적인 매출 증가와 단골 고객 형성으로 이어지는 것이다. 단순히 제품을 판매하는 것이 아니라, 고객과의 신뢰를 쌓고 긍정적인 경험을 제공하는 것이야말로 성공적인 장사의 핵심이다.

 가슴에 새겨야 할 장사의 원칙

- 첫 3초에 마음을 못 잡으면, 매출은 없다.
- 고객은 가게의 '첫인상'으로 지갑을 열지 말지를 결정한다.

3-3 단골은 만드는 게 아니라 쌓는 것이다

단골을 넘어 팬으로, VIP 고객이 가게를 키운다

가게를 지속적으로 운영하면서 가장 중요한 것은 단골을 얼마나 확보하고 유지하는가다. 특히, VIP 고객을 특별하게 관리하는 것은 장기적인 매출 안정성에 매우 큰 영향을 미친다. 단순히 한두 번 방문하는 고객보다 꾸준히 찾아주는 고객들에게 차별화된 혜택을 제공하면 그들은 자연스럽게 가게의 홍보대사가 된다. 사람들은 특별한 대우를 받을 때 더욱 만족감을 느끼고, 자연스럽게 주변 사람들에게 좋은 경험을 공유하게 된다. "여기는 단골에게 정말 잘해줘." 이런 말 한마디가 가게의 명성을 만들고, 신규 고객을 끌어오는 강력한 힘이 된다.

치킨 프랜차이즈에서는 10번 먹으면 한 마리 공짜를 주는 쿠폰이 한때 유행이었다. 치킨은 가구당 월 1~2회 주문하는 메뉴다. 우리 브랜드 쿠폰이 10개 있다는 것은 1~2년에 걸쳐 주문한 고객이므로 대단한 VIP 고객이다. 이를 위해 마케팅을 하면서 전 직장에서 내가 했던 일은 고객 재구매율을 분석하고 단골에 대한 교육이었다. 처음에는 고객 주소와 전화번호를 정리하는 것부터 시작해 고객의 주문 횟수와 메뉴도 분석했다. '이 고객은 매달 한 번씩 주문하네요', '이 고객은 항상 후라이드를 시키네요'라는 방식으로 데이터를 가맹점주님들과 분석하다 보니 단골손님의 패턴이 보였다. 우리는 일정 횟수 이상 방문한 고객에게 특별한 서비스를 제공하고, VIP 고객만을 위한 혜택을 연구했다. 또, 어떤 매장은 생일이나 기념일에는 치킨과 함께 먹을 수 있는 무료 디저트와 함께 손 편지를 제공하여 특별한 경험을 선사했다. 고객들은 단순히 치킨을 주문하는 것이 아니라, '여기서는 내가 특별한 존재구나'라는 감정을 느끼게 되었고 그 결과 단골손님의 주문 빈도가 증가했다.

비슷한 사례로, 한 카페에서는 VIP 고객을 위한 전용 좌석을 마련하고, 10회 방문 시 한 잔 무료 혜택을 제공하는 프로그램을 운영했다. 처음에는 단순한 이벤트처럼 보였지만, 고객들은 '이곳에서는 내가 특별한 대접을 받는다'라는 느낌을 받아 친구들에게 추천하며 자연스럽게 신규 고객 유입이 늘어났다. 특히, '내가 앉는 자리에는 항상 내 이름이 적힌 작은 예약 카드가 있다'라는 고객의 후기는 이 카페의 특별함을 더욱 강조했다. 작은 시도였지만, 손님들은 그 작은 배려에서 감동했고, 단순한 소비자가 아니라 가게의 일부가 일원이 된 듯한 소속감을 느꼈다.

로열티 프로그램은 단순한 포인트 적립이 아니라, 고객이 감동할 만한 작은 차이를 만들어내는 것이다. 가령, 특정 요일에 VIP 고객만을 위한 한정 메뉴를 제공하거나, 개인 맞춤형 추천을 해주는 방식으로 차별성을 더할 수 있다. 예를 들어, 한 베이커리는 단골손님이 자주 사는 빵을 기록해 두었다가 새로운 맛이 나올 때, "고객님이 좋아하시는 크루아상이 새로운 맛으로 나왔어요. 한번 드셔보세요"라고 추천했다. 단골손님은 이런 작은 배려에서 '나를 기억해주는구나'라는 감동을 받고, 더 깊은 애정을 느낀다. 중요한 것은 고객이 이곳에서는 나를 소중하게 생각한다고 느끼도록 만드는 것이다.

특별한 혜택과 감동이 함께할 때, VIP 고객은 단순한 소비자가 아니라 가게의 열렬한 팬이 된다. 또한, VIP 고객을 대상으로 한 한정 이벤트나 시크릿 메뉴 공개 등 특별한 경험을 제공하면 충성도가 더욱 높아진다. 'VIP 고객님을 위한 비밀 메뉴, 한정 수량으로만 준비했습니다'라는 작은 문구만으로도 고객은 기대감을 갖는다. 사람들은 자신이 특별한 존재로 대접받고 있다고 느낄 때, 그 감정을 공유하고 싶어 한다. 자연스럽게 SNS에 사진을 올리고, 친구들에게 추천하며 가게의 매력을 널리 알리게 된다.

결국, VIP 고객을 체계적으로 관리하면, 가게는 자연스럽게 성장하고 장기적인 성공을 보장받을 수 있다. 단순히 고객을 대하는 것이 아니라, 하나의 관계를 형성하는 것이다. 사람들은 자신이 소중히 여겨지는 곳을 다시 찾는다. 단골 고객을 위한 특별한 프로그램을 운영하는 것은 매출을 올리는 것뿐만 아니라, 브랜드의 가치를 높이고 고객과의 깊은 유대

감을 형성하는 강력한 전략이 된다. 고객이 스스로 '여기는 내 단골 가게야'라고 자부심을 느끼게 만들면, 그 가게는 쉽게 잊히지 않는다

서비스도 맛처럼 보이고 느껴져야 한다.

손님이 가게를 나오면서 '여기 진짜 괜찮다'라고 말하게 만들면 그 장사는 성공한 거다. 장사를 하다 보면 음식이 전부가 아니라는 걸 깨닫게 된다. 맛만 좋다고 손님이 다시 오지는 않는다. 음식이야 비슷한 곳이 많지만, 기억에 남는 가게는 서비스가 다르다. 많은 사장님이 서비스라고 하면 그냥 친절하면 되지 않나라고 생각한다. 하지만 친절만으로는 부족하다. 진짜 잘되는 가게들은 손님이 알아채지 못한 불편까지 해결하는 곳이다. 예를 들어, 비 오는 날 손님이 젖은 우산을 들고 들어왔을 때 "우산 비닐 준비해 드릴게요"라고 말하면서 먼저 챙겨주거나, 메뉴판을 한참 들여다보는 손님에게 "처음 오셨죠? 인기 메뉴 추천해 드릴까요?"라고 먼저 다가가는 것이다. 이런 사소한 차이가 손님의 마음을 움직인다.

서비스에도 공식이 있다. 맛이 보이듯이, 서비스도 눈에 보여야 한다. 어떤 가게는 음식이 나오기까지 손님이 지루하게 기다리지만, 어떤 가게는 기다리는 동안 간단한 웰컴드링크를 제공하거나 음식에 대한 설명을 해준다. 손님이 느끼게 만들어야 '여긴 다르네'라고 생각하게 된다. 좋은 서비스를 제공한다고 해도 한 번으로 끝나면 의미가 없다. 서비스는 순간적으로 만들어지고 소비되기 때문에 매일 같은 퀄리티 수준을 유지해

야 한다. 한 직원은 친절한데, 다른 직원이 무뚝뚝하면 손님은 "운이 좋아서 오늘은 친절한 대접을 받았네"라고 생각한다. 결국, 일관성이 가장 중요하다.

서비스는 고객마다 다르게 느껴진다. 어떤 손님은 활발한 응대를 좋아하지만, 어떤 손님은 조용한 걸 선호한다. 손님의 반응을 빠르게 캐치하고 맞춰야 한다. 예를 들어, 대화를 즐기는 손님에게는 친근하게 다가가고, 조용히 있고 싶은 손님에게는 최소한의 응대로 편안함을 주는 식이다. 서비스는 쌓아둘 수도 없다. 음식은 남으면 냉장고에 넣어 두고 다음 날 팔 수 있지만, 서비스는 그 순간 제공하지 않으면 사라진다. 그래서 매일 점검하고 계속 개선해야 한다. 어제 잘했다고 오늘도 잘할 거라는 보장은 없다. 장사를 오래 하려면 단골을 만들어야 한다. 그리고 단골을 만드는 것은 음식이 아니라 서비스다. 단골이 많은 가게는 손님이 처음 왔을 때부터 다시 오고 싶게 만드는 힘이 있다.

〈야키토리 나루토〉는 고객 서비스의 모범적인 사례로 손꼽힌다. 이곳은 단순한 음식 제공을 넘어 고객에게 특별한 경험에 주력한다.

첫째, 일본식 야키토리를 판매하면서 일본의 서비스 문화까지 보여준다. 어느 지점을 가든지 직원들의 친절하고 세심한 서비스가 돋보인다. 음식이 나올 때마다 닭고기 부위 및 먹는 방법에 대해 자세한 설명을 제공하고, 고객의 반응을 확인하며 정성을 다한다.

둘째, 계절마다 메뉴를 변경하여 신선한 재료와 다양한 맛을 선보인다. 〈야키토리 나루토〉에는 특별한 메뉴판이 있다. 자리에 앉으면 편지봉투를 준다. 빨간색 봉투를 받는 순간 설레임을 느끼게 한다. 편지를 열어보면 계절에 맞는 신선한 메뉴들을 알려준다. 이러한 변화는 고객에게 새로운 즐거움을 주며, 재방문을 유도한다.

셋째, 이곳의 인상 깊은 서비스는 나갈 때 한 명의 직원이 배웅 서비스를 한다. 비타민C, 핫팩 등 때마다 무엇인가를 건네며 차별화된 서비스를 한다. 이러한 서비스 특징은 〈야키토리 나루토〉를 단순한 식사 공간이 아닌, 특별한 경험을 제공하는 장소로 만들어주고 있다.

서비스는 매출을 올리는 강력한 무기다. 음식이 맛있어도 서비스가 형편없으면 손님은 다시 오지 않는다. 반면, 음식이 평범해도 서비스가 좋으면 손님은 다시 찾는다. 게다가 서비스가 좋으면 손님이 자발적으로 홍보해 준다. "거기 가 봐, 서비스 진짜 좋아"라는 말 한마디가 수십만 원짜리 광고보다 효과적일 때가 많다. 하지만 좋은 서비스는 하루아침에 나오지 않는다. 서비스에도 시스템이 필요하다. 직원 교육을 철저히 하고, 서비스 매뉴얼이 있어야 한다. 손님이 들어올 때부터 나갈 때까지, 어떤 단계에서 어떤 행동을 해야 하는지 정리해야 한다.

단순히 '잘해보자'가 아니라, 직원마다 서비스 수준이 다르지 않도록 체계적으로 운영해야 한다. 그렇다고 기계적인 응대를 하라는 것은 아니다. 핵심은 기본 원칙을 지키면서도, 유연하게 대응할 수 있도록 만드는 것이다. 손님은 단순히 음식을 먹으러 오는 것이 아니다. 돈을 내고 '경험'을 사러 오는 것이다. 그리고 이 경험에는 음식뿐만 아니라, 공간, 분위기, 직원의 서비스가 모두 포함된다. 이제 우리 가게만의 서비스 전략을 고민해 보자. 단순한 친절을 넘어서, 손님이 다시 찾고 싶게 만드는 서비스. 그것이 진짜 장사의 기술이다.

 가슴에 새겨야 할 장사의 원칙

- 단골은 쌓는 것, 쌓일수록 더 단단해진다.
- 하루의 친절보다, 열 번의 꾸준함이 더 중요하다.

4장

혼자 하는 장사는 없다

4장

4-1 초보 사장도 쉽게 따라 하는 직원 관리법

직원이 웃어야 가게가 산다

가게 운영에서 직원이 웃어야 고객도 웃는다. 하지만 직원 교육이 어렵게 느껴지는 사장님이 많다. 초보 사장님이라면 직원 교육을 어떻게 해야 할지 막막할 수 있다. 핵심은 표준화, 실습, 피드백을 중심으로 교육하는 것이다. 직원이 편안한 환경에서 배우고 성장할 수 있도록 도와주면 가게 운영도 훨씬 수월해진다.

첫째, 표준화된 교육 매뉴얼을 만들어야 한다. 직원마다 서비스 방식이 다르면 고객이 일관된 경험을 할 수 없다. 예를 들어, 한 프랜차이즈 카페에서는 주문받는 멘트부터 커피 제조 과정, 고객 응대법까지 세세하게 정리된 매뉴얼을 제공했다. 그 결과, 신입 직원도 빠르게 적응하고, 고객 만족도 역시 높아졌다. 사장이 바뀌어도, 직원이 바뀌어도 서비스의 질이 유지될 수 있도록 기본 원칙을 정리해야 한다.

　표준화는 단순히 매뉴얼을 만드는 것이 아니라, 일을 쉽게 익히도록 돕는 과정도 포함된다. 한 김밥 전문점에서는 직원들이 처음 출근하는 날부터 서비스 표준 매뉴얼을 숙지하고, 실전에서 활용할 수 있도록 작은 연습 프로그램을 운영했다. 또한, 숙련된 직원이 신입 직원의 멘토 역할을 하도록 하여 자연스럽게 학습할 수 있도록 유도했다. 이러한 시스템 덕분에 직원들은 신입 시절부터 빠르게 적응하고, 가게 운영에 활력을 불어넣을 수 있었다.

　둘째, 실습 중심 교육을 해야 한다. 이론적으로만 교육하면 실제 상황에서 직원이 당황할 수 있다. 한 음식점에서는 새 직원이 들어오면 먼저 기존 직원이 시범을 보이고, 이후 바로 실습하게 했다. 앉아서 듣는 교육이 아니라 몸으로 익히는 교육이 훨씬 효과적이다. 실전에서 경험한 직원은 위기 상황에서도 능숙하게 대처할 수 있다.

　실제 사례로, 한 카페에서는 직원 교육의 하나로 '고객 응대 실습'을 도입했다. 직원들은 실제 손님처럼 행동하는 역할극을 통해 여러 가지 응대 시나리오를 연습했다. 예상치 못한 클레임을 해결하는 법, 주문 실수를 바로잡는 방법 등을 직접 경험하면서 자연스럽게 서비스 능력이 향상되었다. 이 과정에서 직원들 간의 팀워크도 강해졌고, 일에 대한 자신감도 생겼다.

　셋째, 피드백을 주고받는 문화를 만들어야 한다. 직원이 실수했을 때, 단순히 지적하는 것이 아니라 왜 그런 실수가 발생했는지 함께 고민해야 한다. 한 패밀리 레스토랑에서는 매일 업무 종료 후 5분간 업무 피드백 시간을 가졌다. "오늘 고객 응대 중 어려웠던 점이 있었나요?"라고 묻고, 직원들이 스스로 개선할 점을 이야기하게 했다. 이 작은 습관이 쌓여 직원들의 자율성과 책임감이 커졌다.

또한, 피드백을 받을 때 직원들이 부담을 느끼지 않도록 하는 것도 중요하다. 한 카페에서는 '칭찬 피드백' 문화를 도입했다. 하루 동안 가장 좋은 고객 응대를 한 직원에게 작은 보상을 주고, 동료들끼리 서로 좋은 점을 칭찬하는 시간을 가졌다. 이렇게 하니 직원들은 피드백을 부정적으로 받아들이지 않고, 자신의 강점을 살리면서 발전할 수 있었다.

결국, 직원 교육은 사장님이 혼자 떠안는 일이 아니라, 함께 성장하는 과정이 되어야 한다. 표준화된 교육으로 기초를 다지고, 실습으로 익히게 하며, 피드백을 통해 지속적으로 발전시키면 직원들도 즐겁게 일할 수 있다. 직원이 웃으면 가게가 살고, 고객도 다시 찾는다. 제대로 된 직원 교육은 단순히 업무 능력뿐이 아니라, 가게 전체의 분위기를 긍정적으로 바꾸고 장기적인 성공으로 이어지는 중요한 요소다.

오래 일하는 직원이 있는 가게는 이유가 있다

가게에서 가장 중요한 자산은 직원이다. 직원이 즐겁게 일해야 고객도 만족하고, 매장 분위기도 살아난다. 하지만 많은 사장님이 직원 관리에 어려움을 느낀다. 어떻게 하면 직원들이 오래 일하고, 주인의식을 갖게 할 수 있을까? 핵심은 보상, 동기부여, 성장 기회를 제공하는 것이다.

먼저, 보상은 돈만이 아니다. 물론 급여가 중요하지만, 단순한 시급 인상보다는 직원들이 인정받고 있다라는 느낌을 받게 만드는 것이 훨씬 효과적이다. 한 패밀리 레스토랑에서는 매달 '우수 직원'을 선정해 추가 인센티브를 제공하고, '이달의 베스트 직원' 사진을 게시했다. 직원들은 단순히 돈을 버는 것이 아니라, 자신의 노력이 인정받고 있다는 것을 느끼며 더 적극적으로 일하게 되었다. 때로는 작은 선물이나 점심 한 끼라도 직원에게 감사를 표현하면 사장님에 대한 신뢰가 깊어진다.

그다음 두 번째는 동기부여를 위한 작은 이벤트가 필요하다. 직원들은 단순히 돈을 벌기 위해서만 일하는 것이 아니라, 일하면서 보람을 느끼고 싶어 한다. 한 프랜차이즈 카페에서는 '바리스타 챌린지'를 도입해 직원들이 직접 커피 레시피를 개발하고, 우승한 레시피를 시즌 한정 메뉴로 출시했다. 직원들은 자신이 단순한 아르바이트생이 아니라 브랜드의 일부라는 자부심을 가졌고, 덕분에 근무 태도가 훨씬 적극적으로 변했다.

마지막으로, 직원들이 미래를 꿈꿀 수 있도록 성장 기회를 제공해야 한다. 단순한 업무만 반복하게 되면 직원들은 쉽게 지치고 흥미를 잃는다. 한 외식 브랜드에서는 일정 기간 근무한 직원에게 투자하여 그 브랜드 가맹점을 운영할 수 있는 내부 승진 기회를 열어두었다. 이를 통해 직원들은 '이곳에서 오래 일하면 나도 성장할 수 있다'라고 생각했고, 자연스럽게 가게에 대한 충성도가 높아졌다. 가끔은 "앞으로 어떤 일을 해보고 싶니?"라고 물어보는 것만으로도 직원의 태도가 달라질 수 있다.

장사에는 '사람이 전부다'라는 말이 있다. 직원이 떠나면 가게는 처음부터 다시 시작해야 한다. 하지만 직원이 오래 함께하며 가게를 제 일처럼 생각하면, 그곳은 단순한 일터가 아니라 '함께 만들어가는 공간'이 된다. 결국, 돈을 주고 사람을 사는 게 아니라, 신뢰를 주고 관계를 쌓아야 한다. 그러면 직원도, 사장도 함께 성장할 수 있다.

직원이 나가는 이유도 따로 있다

직원이 갑자기 퇴사하면 사장님은 당황할 수밖에 없다. 하지만 직원이 떠나는 이유를 단순히 개인적인 문제라고 치부하면 또다시 같은 상황이 반복된다. 대부분의 직원이 떠나는 이유는 소통 부족, 과도한 업무, 비전 부재에서 찾을 수 있다.

첫째, 소통 부족이 문제다. 직원이 자신의 의견을 내기 어려운 환경이라면, 점점 일에 대한 애착이 사라진다. 한 치킨집 사장님은 직원들이 자꾸 그만두자, 원인을 찾기 위해 직원들과 따로 대화를 나눴다. 그 결과, 사장님이 너무 바빠서 직원들의 불만을 제대로 듣지 못했다는 사실을 깨달았다. 이후 그는 주간 회의를 도입해 직원들의 의견을 듣는 시간을 만들었다. '이 메뉴 너무 어렵지 않아요?', '손님들이 자주 질문하는 것을 정리하면 어때요?' 이런 이야기들이 오가면서 직원들이 매장 운영에 더 깊이 관여하게 되었다.

둘째, 과도한 업무는 직원의 몸과 마음을 지치게 만든다. 직원들은 '내가 여기서 계속 일할 수 있을까?'를 고민할 때 결국 떠난다. 한 카페에서는 직원이 퇴사할 때마다 남은 직원들에게 업무가 몰렸고, 그러다 보니 더 많은 직원이 지쳐서 나갔다. 이를 해결하기 위해 업무 분배 체크리스트를 만들고, 한 사람에게 일이 집중되지 않도록 조정했다. 그리고 휴무를 보장하는 시스템을 도입하면서 직원들의 만족도가 크게 올랐다.

셋째, 비전이 없는 직장은 직원이 오래 머물기 어렵다. 단순한 일자리와 '내가 여기서 성장할 수 있겠다'라는 느낌을 주는 직장은 큰 차이가 있다. 한 프랜차이즈 매장은 직원들에게 주기적인 교육을 제공하고, 일정 기간 근무한 직원에게는 매니저로 성장할 기회를 줬다. 이곳에서 오래 일하면 나도 성장할 수 있다는 믿음이 생긴 직원들은 자연스럽게 오랫동안 함께했다.

결국, 직원이 떠나는 이유를 해결하려면 소통을 강화하고, 업무 부담을 줄이며, 성장 기회를 제공해야 한다. 직원은 단순히 '일하는 사람'이 아니라 '함께 성장하는 동료'라는 인식을 심어준다면, 가게는 자연스럽게 오래 함께할 좋은 사람들로 채워질 것이다.

💡 가슴에 새겨야 할 장사의 원칙

- 직원에게 진심을 주면, 고객에게 진심이 간다.
- 가게는 결국 '사람의 힘'으로 굴러간다.

4장

4-2 직원이 성장하면 가게도 성장한다

잘 가르치면, 누구든 좋은 직원이 된다

직원 교육은 단순히 가르치는 것이 아니다. 가게가 성장하려면 직원이 성장해야 하고, 직원이 성장하려면 효과적인 교육이 필수다. 하지만 많은 사장님이 직원 교육을 어려워한다. "한두 번 알려줬는데도 계속 실수해요", "일일이 가르쳐야 해서 더 힘들어요" 같은 고민이 많다. 그렇다고 직원이 실수할 때마다 혼내기만 하면 위축되고, 가르치는 걸 포기하면 가게 운영이 엉망이 된다. 결국 직원 교육은 실습, 반복, 피드백이라는 세 가지 원칙을 지켜야 효과를 볼 수 있다.

치킨집을 운영하는 박 사장님은 신입 직원을 채용할 때마다 같은 고민을 했다. 메뉴를 만드는 법을 설명해 줘도 제대로 따라 하지 못했고, 서빙 직원도 손님 응대가 어색했다. 그는 기존 방식대로 신입 직원에게 한두번 시범을 보여주고 해보라고 했지만, 결과는 항상 실수투성이였다. 결국 바쁜 시간대에 실수하면 다시 가르칠 여유도 없이 손님들 앞에서 실망한 표정을 짓곤 했다.

어느 날, 고민 끝에 그는 교육 방식을 완전히 바꿨다. 처음부터 '실습'을 중심으로 진행하기로 한 것이다. 먼저 신입 직원에게 직접 치킨을 튀기거나 서빙을 해보게 하고, 틀린 부분을 바로 짚어줬다. 예를 들어, 직원들이 치킨을 튀길 때 손목을 너무 세게 움직여 튀김옷이 벗겨지는 실수가 잦았다. 그는 직원에게 치킨을 직접 튀겨보게 한 다음 본인이 손목을 살짝 움직이는 방법을 시범 보이고 다시 해보게 했다. 실수한 직원도 이 방법이 훨씬 편하다는 걸 깨닫고, 바로 개선할 수 있었다. 단순히 '이렇게 해'라는 설명하는 것보다 직접 해보게 하고 수정하는 방식으로 교육을 바꾸니 효과가 확연히 달라졌다.

교육이 한 번으로 끝난다고 생각하면 안 된다. 사람이 새로운 것을 배울 때는 반복해야 익숙해진다. 특히 요식업에서는 손이 자연스럽게 움직여야 해서 몸으로 익히는 과정이 필수다. 박 사장님은 이후 교육할 때 하루 한 번씩 짧게 복습하는 시간을 가졌다. 오픈 준비 시간 10분을 활용해 신입 직원에게 어제 배운 걸 다시 해보게 했고, 익숙해질 때까지 반복했다. 반복만으로는 부족하다. 직원이 제대로 배우고 있는지 확인하려면 피드백이 필요하다. 문제는 많은 사장님이 피드백하는 방식을 잘못한다는 것이다. "왜 이렇게 했어?", "제대로 하라고 했잖아!" 같은 부정적인 말은 직원에게 위축감만 준다. 피드백은 문제를 짚어주는 것과 잘한 부분도 함께 이야기해야 한다.

박 사장님도 처음에는 "이거 틀렸어, 다시 해"라는 방식으로 지적했나. 그러다 보니 직원들은 사장 눈치를 보기만 하고 긴장한 나머지 실수가 더 많아졌다. 그래서 그는 방식을 바꿨다. "이 부분은 정말 잘했어요, 그런데 여기 한 가지만 더 신경 쓰면 더 좋아질 것 같아요"라는 식으로 접근했다. 그러자 직원들도 마음이 편해지고, 피드백을 긍정적으로 받아들이면서 더 빨리 성장할 수 있었다.

결국 직원 교육은 실습으로 직접 경험하게 하고, 반복해서 익숙해지게 만들며, 피드백으로 성장할 기회를 주는 것이 핵심이다. 직원이 성장하면 가게도 성장한다. 가르치는 것이 힘들다고 포기하면 가게는 제자리걸음이 되고 만다. 꾸준히 교육에 투자하면 직원도, 가게도 함께 발전한다. 좋은 직원은 가르치는 사람이 만든다.

직원이 '내 일처럼' 일하게 만드는 법

직원이 오래 머물고 성장하려면 자신의 역할이 명확해야 한다. 하지만 많은 가게의 직원들은 그냥 시키는 대로 하면 된다는 식으로 일한다. 그러다 보니 누군가는 일을 몰아서 하게 되고, 반대로 어떤 직원은 손님이 있어도 가만히 서 있기만 한다. 직원들은 점점 '내가 왜 이렇게까지 해야 하지?'라는 생각을 하게 되고, 결국 지쳐서 떠난다. 직원의 역할을 명확히 분배하고, 책임을 부여하며, 성장할 기회를 줘야 가게의 일원이라고 느낀다.

한 고깃집을 운영하는 이 사장님은 초반에 직원 관리가 너무 힘들었다. 누구는 주문만 받고, 누구는 서빙만 하고, 누구는 아무 일도 없이 한쪽에서 쉬고 있었다. 그러다 보니 바쁠 때는 특정 직원에게만 일이 몰리고, 서로 책임을 미루는 일이 잦았다. 손님이 몰리는 시간에는 주방과 홀에서 계속해서 "이거 누가 해야 해요?", "이건 제가 안 하는 건데요?" 같은 말이 오갔다. 결국 사장이 일일이 지시해야 했고, 본인이 직접 나서서 일을 해야 하는 경우도 많았다.

그러던 어느 날, 그는 직원들에게 역할을 정해줘야 함을 깨달았다. 서빙, 주문, 테이블 정리, 주방 보조까지 업무를 세분화하고, 누가 어떤 역할을 맡을지 명확하게 정리했다. 그리고 모든 직원이 모든 일을 조금씩 할 수 있도록 교차 교육을 진행했다. 처음에는 '이거 원래 제 일이 아닌데요?'라고 말하는 직원도 있었지만, 일의 흐름을 알게 되자 오히려 업무가 훨씬 수월해졌다. 책임이 분명해지자 직원들도 '내가 맡은 일'이라는 인식이 생겼고, 서로 미루는 일이 사라졌다.

여기에 책임을 더했다. 단순히 역할을 나누는 것만으로는 부족하다. 직원이 제 일에 책임감을 느끼려면 그 일에 대한 권한과 신뢰도 함께 줘야 한다. 예를 들어, 카운터를 담당하는 직원에게 '계산은 네가 책임지고, 고객 응대도 네가 주도적으로 해줘'라고 맡기면 스스로 더 신경 쓰게 된다. 박 사장님은 매장 운영이 자리를 잡자, 직원들에게 각자 맡은 역할에서 작은 리더십을 발휘할 기회를 주었다. 주방 보조였던 직원에게 식재료 관리까지 맡기고, 서빙 직원에게는 고객 피드백을 정리하는 업무를 추가했다.

이런 과정을 통해 직원들에게 성장 기회를 제공하면 자연스럽게 충성도가 올라간다. 같은 일을 반복하는 것만큼 직원이 쉽게 지치는 것도 없다. 프랜차이즈 카페를 운영하는 한 사장님은 직원들에게 단순히 주문만 받게 하는 것이 아니라, 바리스타 교육을 제공하고 신입 직원이 들어오면 기존 직원이 멘토 역할을 하게 했다. 이렇게 하니 직원들은 이 가게에서 내가 발전할 수 있다는 생각으로 하게 됐고, 자연스럽게 오래 근무했다.

결국 직원이 가게를 '내 일터'라고 느끼게 하려면, 역할을 명확하게 나누고, 책임을 부여하며 성장 기회를 주는 것이 필수다. 사장이 모든 것을 결정하고 지시하는 가게보다, 직원들이 스스로 움직이며 운영에 참여하는 가게가 훨씬 강하다. 직원이 성장하면, 가게도 성장한다.

알바생이 아니라, 함께할 동료로 만드는 법

내가 근무한 치킨 프랜차이즈에서는 매월 우수 가맹점을 10곳씩 선정하여 시상하는 제도가 있었다. 그리고 그 가맹점을 분석한 적이 있다. 한 매장은 직원들의 서비스 수준이 유난히 높았고, 손님 응대도 훌륭했다.

가맹점주님에게 비결을 물었다. "비결은 단순합니다. 직원들에게 성과에 따른 보상을 확실하게 해주고, 사소한 일이라도 칭찬을 아끼지 않는 거죠"라고 너무 당연한 말을 했다. 이 매장은 본사에서 받은 시상금 전액을 직원에게 인센티브로 주었다고 했다. 그러자 직원들은 본인들이 본사의 우수 가맹점에 선정되기 위해 더 열심히 일했다고 했다. 또 직원들이 좋은 리뷰를 받으면 공개적으로 칭찬했다. 이 가게에서 오래 일한 직원이 많은 이유도 여기에 있었다.

직원이 성장을 하려면 동기부여가 필수다. 하지만 많은 사장님들이 직원 관리에서 가장 어려워하는 부분이 바로 이 동기부여다. "요즘 직원들은 눈치만 보고 대충 일하려고 해요", "아무리 말해도 열정을 가지지 않아요" 이런 고민을 하는 사장님들이 많다. 하지만 직원이 열정을 가지지 않는 이유는 단순하다. 열심히 일해도 얻는 게 없다고 느끼기 때문이다. 그렇다면 어떻게 해야 직원들이 적극적으로 일하고, 오래 머물면서 가게와 함께 성장할 수 있을까? 답은 성과 보상, 인정 문화, 팀워크 형성에 있다.

성과 보상은 꼭 돈으로만 해야 하는 것은 아니다. 내가 컨설팅한 야키토리 본사는 매장에서 근무한 직원들에게 본사가 투자해 매장을 운영하는 기회를 주고 있다. 이런 식으로 동기부여를 하자 직원들의 근무 태도가 바뀌었다. 대표는 "단순히 월급을 받는 직원이 아니라, 이곳에서 성장할 기회가 있다는 걸 느끼게 해줘야 한다"라고 말했다. 직원은 자신이 단순한 알바생이 아니라, 이 가게에서 발전할 수 있다고 느낄 때 진짜 충성도가 생긴다.

유명한 외식업 CEO가 한 말이 있다. "돈만으로 직원의 마음을 사는 게 아니라, 나를 인정해 주는 곳이라는 감각이 직원들을 움직인다." 실제로 한 프랜차이즈 햄버거 가게를 운영하는 사장은 직원들에게 '오늘의 베스트 직원'을 선정해 작은 상품을 주는 방식으로 사기를 높였다. 상품 자체는 크지 않았지만, 직원들은 인정받는 것에 큰 의미를 뒀다.

가슴에 새겨야 할 장사의 원칙

- 직원은 비용이 아니라 자산이다.
- 사람에 투자한 가게는 결국 흔들리지 않는다.

4장

4-3 오래 함께하는 팀 만들기

일 잘하는 직원보다, 같이 일하기 좋은 직원

문제 직원 없이 오래 함께하는 팀을 만드는 건 장사를 오래 하려면 꼭 필요한 기술이다. 손님이 많아도, 음식이 맛있어도, 결국 가게를 운영하는 건 사람이기 때문이다. 그런데 직원 때문에 스트레스를 받는 사장님이 한둘이 아니다. 일 잘하는 직원 같아서 뽑았는데, 가게 분위기를 흐리고, 동료들과 갈등을 만들고, 툭하면 그만둔다고 해서 애를 먹는 경우가 많다. 그래서 많은 사장님이 묻는다. "대체 어떤 직원을 뽑아야 오래 가게를 함께 운영할 수 있을까요?" 정답은 간단하다. 기술보다 성향, 태도, 팀워크를 우선 고려해야 한다. 장사를 처음 시작하는 사장님은 경력이 많은 직원이 가장 좋은 직원이라고 생각하는 경우가 많다. 하지만 경험이 많다고 무조건 좋은 직원은 아니다.

서울에서 카페를 운영하는 김 사장님도 경력 3년 이상의 바리스타를 우선 채용했다가 낭패를 봤다. 경력직 직원은 본인만의 스타일을 고집하며 가게의 규칙을 따르지 않았고, 결국 메뉴의 일관성이 깨지면서 손님들의 불만이 커졌다. 결국 김 사장님은 경력보다 중요한 건 배우려는 태도와 협업하는 자세라는 걸 깨달았다.

사실 직원 문제에서 가장 큰 골칫거리는 '팀워크를 망치는 직원'이다. 실력이 아무리 뛰어나도 동료들과의 관계를 해치면 가게 전체가 흔들린다. 한 초밥집 사장님은 뛰어난 요리 실력을 갖춘 직원을 채용했지만, 이 직원이 동료들을 무시하며 가게 분위기를 망쳤다. 교대 근무를 바꿔 달라는 요청이 늘어나고, 몇몇 직원은 그 직원과 일하는 걸 피하려 했다. 결국 가게 분위기가 나빠지고 손님들까지 불편해하기 시작했다. 결국 기술이 아무리 뛰어나도 팀워크를 깨는 직원은 절대 두지 않는다는 큰 교훈을 얻었다.

초보 사장님일수록 경력보다 태도를 우선 고려해야 한다. 경험이 부족한 사장님들은 직원들에게 주도권을 빼앗기기 쉽다. '이 직원 없으면 어떻게 하지?'라는 걱정에 태도가 나쁜 직원도 참고 데리고 가는 경우가 많다. 이런 직원이 가게 문화를 망가뜨리고 결국 좋은 직원들까지 떠나게 만든다. 처음부터 문제를 방지하려면 면접에서 신중해야 한다. 배우려는 의지가 있는지, 동료들과 협업할 수 있는지, 문제 상황에서 어떻게 대처하는지를 확인하는 것이 중요하다.

좋은 직원을 유지하는 것도 중요하다. 첫 3개월은 '교육 기간'으로 정해 가게의 문화를 철저히 교육하고, 사장이 먼저 모범을 보이며 직원들에게 신뢰를 줘야 한다. 직원이 잘했을 때는 반드시 인정해 줘야 한다. 칭찬 한마디가 직원의 사기를 올리고, 더 오래 일하고 싶게 만든다. 작은 관심과 인정이 직원의 충성도를 높이고, 가게를 더 단단하게 만든다. 결국 가게의 성패는 '어떤 사람들과 함께하느냐?'에 따라 결정된다. 직원이 가게의 미래를 만든다. 좋은 직원을 뽑고 함께 성장하는 것이야말로 장사를 오래 하는 비결이다. 좋은 팀이 만들어지면, 가게는 자연스럽게 성공한다.

직원이 문제일까? 기준 없는 가게가 문제일 수도 있다

직원을 뽑고 나면 또 다른 고민이 시작된다. 가르쳐도 실수를 반복하는 직원, 사장의 말보다 자기 방식대로 하려는 직원, 손님 앞에서 성의 없이 일하는 직원까지. 처음엔 참아보지만, 이런 문제가 계속되면 사장님은 속이 터진다. 문제 직원이 생길 때마다 무조건 혼내야 할까? 그냥 참고 넘어가야 할까? 답은 명확한 기준을 세우고, 피드백하고, 필요한 경우 재교육을 하는 것이다.

문제 직원이 생기는 가장 큰 이유는 가게의 기준이 명확하지 않기 때문이다. 기준이 없으면 직원마다 다르게 행동하게 되고, 결국 가게 운영이 흔들린다. 한 식당 사장님은 직원들에게 친절한 서비스를 강조했지만, 구체적으로 어떻게 해야 하는지 정하지 않았다. 그러다 보니 어떤 직원은 활짝 웃으며 인사하는 반면, 어떤 직원은 무뚝뚝하게 주문만 받았다. 손님들은 직원마다 서비스가 다르다고 느꼈고, 불만이 생기기 시작했다. 결국 사장님은 서비스 기준을 문서로 만들어 다시 교육했고, 그제야 서비스가 통일되었다. 사장님이 원하는 기준을 정확히 전달하지 않으면 직원들은 어떻게 해야 하는지 알지 못한다.

문제 직원이 있을 때 가장 흔한 실수는 그냥 참고 넘어가는 것이다. 하지만 피드백이 없으면 직원은 본인이 무엇을 잘못하고 있는지도 모른다. 단순히 그렇게 하지 말고 제대로 하라고 말하는 건 효과가 없다. 피드백은 구체적으로 해야 한다. 예를 들어, 주문받을 때 손님과 눈을 맞추지 않는 직원에게는 "손님과 눈을 맞추고 미소 지으며 주문을 받으면 좋아요"라고 짚어줘야 한다. 그리고 가능하면 1:1로 조용한 자리에서 말하는 것이 효과적이다. 피드백을 줄 때는 부정적인 지적만 하기보다 "잘하고 있는 부분도 많지만, 여기 한 가지 개선하면 더 좋을 것 같아요"와 같은 긍정적인 말로 시작하면 직원도 받아들이기 쉽다.

피드백해도 변화가 없다면, 재교육이 필요하다. 한 치킨집은 신입 직원 교육을 한 번만 진행했더니, 시간이 지나면서 직원마다 서비스 방식이 달라지는 문제가 생겼다. 이후 사장님은 한 달에 한 번씩 간단한 서비스 교육을 진행했고, 그 덕분에 직원들의 서비스가 일정하게 유지될 수 있었다. 교육은 한 번으로 끝나는 것이 아니라 반복적으로 해야 효과가 있다. 바뀌지 않는 직원에 대한 대처도 중요하다. 피드백도 하고, 재교육도 했는데 변하지 않는다면 정리도 고려해야 한다. 하지만 무작정 해고하기보다 직원이 개선할 기회를 주는 것이 중요하다. "이번 달까지 이 부분이 개선되지 않으면 근무 지속이 어려울 수도 있어요"라고 미리 알려주고, 실제로 변화가 있는지 지켜보는 것이다. 그러면 직원도 마지막 기회라고 생각하고 더 적극적으로 변하려 할 가능성이 높다.

결국 가게 운영에서 문제 직원은 언제나 생길 수 있다. 하지만 명확한 기준을 세우고, 피드백하며, 필요한 경우 재교육을 진행하면 대부분의 문제는 해결된다. 좋은 직원은 저절로 만들어지는 그것이 아니라, 사장님의 관리 방식에 따라 달라진다. 가게의 분위기는 직원이 아니라, 사장님이 주도해야 한다.

직원 충성도를 만드는 3가지

나는 치킨 프렌차이즈 본사에 다니면서 회사의 배려로 프랜차이즈 유통학 석사 학위를 취득했고 프랜차이즈 관련 교육이란 교육은 전부 받으러 다녔다. 단순한 일개 직원이 아니라, 배우고 성장하는 기회를 특별히 제공받는 직원이라고 나 스스로 생각하니 밖에 나가서 회사 자랑을 하게 되었고 더 책임감을 가지고 일하게 되었다.

직원이 오래 일하려면 단순히 월급을 주는 것만으로는 부족하다. 급여는 기본이고 직원들이 이곳에서 더 성장할 수 있다는 느낌, 인정받고 있다는 확신이 있어야 오래 머문다. 많은 사장님이 요즘 애들은 금방 그만둔다고 한탄만 한다. 그러나 나는 더 나아가 직원들이 계속 다니고 싶은 가게를 만들고 있는지도 점검해 봐야 한다. 결국 직원의 충성도를 높이는 핵심은 인센티브, 성장 기회, 그리고 팀 문화다.

한 족발집을 운영하는 강 사장님은 초반에 직원이 자주 바뀌는 문제로 고민이 많았다. 음식 맛도 좋고 장사도 잘됐지만, 3~6개월이면 직원들이 하나둘씩 떠났다. 이유를 물어보니 일은 많은데 발전 가능성이 없어서라는 답이 돌아왔다. 그는 고민 끝에 성과급 제도를 도입했다. 목표 매출을 넘기면 직원들에게 일정 비율을 보너스로 지급했고, 월별 우수 직원을 선정해 포상도 했다. 그러자 분위기가 달라졌다. 직원들이 적극적으로 일하기 시작했고, 자연스럽게 손님 응대도 더 친절해졌다. 결국 매출이 올랐고, 직원들의 이탈률도 크게 줄었다. 돈은 직원의 마음을 움직이지만, 더 중요한 건 '내가 이 가게에서 인정받고 있다'라는 느낌이다.

사실 직원들이 오래 근무하게 하는 가장 강력한 요소는 팀 문화이다. 성공한 외식업 대표들은 "직원이 행복해야 손님도 행복하다"라는 말을 자주 한다. 사장이 직원들에게 늘 짜증을 내고, 가게 분위기가 무겁다면 아무리 월급을 많이 줘도 직원들은 떠난다. 반면, 팀워크가 잘 맞고 서로 배려하는 문화가 있으면, 월급이 조금 적어도 직원들은 쉽게 그만두지 않는다.

실제로 고깃집을 운영하는 한 사장님은 팀 문화를 만들기 위해 매월 직원들과 식사 자리를 가졌다. 처음엔 어색했지만, 점점 직원들이 사장과 편하게 대화하면서 불만을 터놓기 시작했고, 사장도 직원들의 어려움을 더 잘 이해하게 됐다. 그렇게 분위기가 좋아지자 자연스럽게 팀워크도 강해지고, 직원들이 가게를 자기 일처럼 생각하게 됐다. '이 가게는 그냥 일하는 곳이 아니라, 내가 속한 곳'이라는 느낌이 드는 순간, 직원은 쉽게 떠나지 않는다.

결국 직원의 충성도를 높이는 방법은 단순하다. 성과에 따른 보상(인센티브), 배울 기회(성장), 함께 일하는 즐거움(팀 문화)을 만들어주는 것이다. 돈만 준다고 직원이 오래 일하지 않는다. 인정받고, 성장하고, 함께할 수 있어야 한다. 사장이 직원의 미래를 생각해 주면, 직원도 가게의 미래를 함께 고민하게 된다.

 가슴에 새겨야 할 장사의 원칙

- 좋은 사장은 팀을 꾸리고, 훌륭한 사장은 팀을 지킨다.
- 장사는 팀워크로 버티고, 인내로 성장한다.

4장

4-4 장사는 결국 '사람'이 하는 일

모든 운영의 중심은 사람이라는 사실을 잊지 마라

치킨 프랜차이즈 본사에서 근무할 때 전국에서 가장 매출이 높은 가맹점을 방문한 적이 있다. 본사에서도 늘 화제가 되던 곳이었다. 교육 때마다 성공 사례로 언급되었고, 많은 점주님이 궁금해하는 매장이었다. 이곳이 어떻게 1등이 되었는지 직접 확인하고 싶어 방문했는데, 정말 감동받은 점이 있었다. 주방 한쪽에 직원들만을 위해 밥을 해주는 이모님이 따로 계셨다. 바쁜 시간에도 직원들이 한 끼 따뜻한 밥을 먹을 수 있도록, 점주님은 직원들 밥을 챙기는 전담 직원을 따로 고용한 것이었다.

너무도 의외의 모습에 점주님에게 물었다. 그는 당연하다는 듯 웃으며 말했다. "가족이 함께 밥을 먹어야 식구잖아요. 직원들도 식구인데, 제대로 된 밥을 먹어야 힘을 내서 일할 수 있죠. 그래서 직원들 밥만 해주시는 분을 따로 뽑았어요"라고 대답했다. 그 순간 이 매장이 왜 전국 1등 매장이 되었는지 확실히 알았다. 음식 맛이 뛰어나거나 마케팅이 뛰어난 게 아니었다. 직원들을 일손이 아니라 가족처럼 대하는 점주님의 태도가 이곳을 특별한 매장으로 만들고 있었다. 직원들은 이곳에서 단순히 월급만 받는 것을 넘어 함께 살아가고 있다 생각하고 있었다. 직원들의 이탈이 거의 없었고, 결혼한 직원들은 부부가 함께 근무하는 예도 많았다. 사장이 부재중이어도 매장이 원활하게 운영되고 있었다. 직원들 스스로 책임감을 가지고 일하고 있었기 때문이다. 직원이 오래 머물면 자연스럽게 서비스 품질이 좋아지고, 고객과의 관계도 탄탄해진다.

예전에 컨설팅했던 한 삼겹살 배달 전문점은 직원들의 잦은 이탈 문제를 겪고 있었다. 직원들이 3~4개월마다 그만두는 바람에 가게 운영이 어려웠다. 사장님은 요즘 젊은 직원들은 책임감이 부족하다며 불평했다. 그러나 문제는 다른 곳에 있었다. 직원들은 쉴 시간도 없이 바쁘게 일해야 했고, 식사도 제대로 챙겨 먹을 수 없는 상황이었다. '배고프면 알아서 먹겠지'라는 분위기였다. 나는 전국 1등 치킨집 사례를 이야기하며, 직원들이 한 끼 따뜻한 밥을 먹을 수 있도록 하는 것만으로도 분위기가 달라질 수 있다고 조언했다.

처음에는 반신반의하더니 사장님은 실험 삼아 직원들이 편하게 식사할 수 있도록 배려했다. 그러자 한 달도 되지 않아 직원들의 태도가 달라졌다. 전보다 더 적극적으로 일하기 시작했고, 가게를 내 가게처럼 여기기 시작했다. 함께 일하는 동료들과 교류하는 의미 있는 공간이 되자 직원들은 자발적으로 손님들에게 친절하게 응대했다. 그 변화가 고객들에게도 전해졌다. 가게 분위기가 좋아졌다는 피드백이 늘었고, 자연스럽게 단골도 증가했다.

사람이 곧 매출이라는 말이 있다. 좋은 관계를 맺고, 신뢰를 쌓아 가면 가게는 자연스럽게 성장한다. 직원뿐만 아니라 협력업체와의 관계도 중요하다. 한 조개구이 사장님은 원가 절감을 위해 공급업체를 변경했다. 기존 업체보다 10% 저렴한 곳이 있었기 때문이다. 처음에는 큰 차이를 느끼지 못했지만, 몇 달 후부터 해산물 품질이 들쭉날쭉해졌다. 고객들은 '예전보다 덜 신선하다', '살이 없다'라는 불만을 제기했다. 그제야 사장님은 가격보다 중요한 것이 '신뢰'라는 걸 깨달았다. 결국, 다시 원래 거래처로 돌아갔고, 그동안 유지해 왔던 관계 덕분에 이전보다 더 좋은 조건으로 재계약할 수 있었다.

협력업체를 단순한 거래처가 아니라 함께 성장하는 파트너로 바라보면 관계는 더욱 단단해진다. 오랜 신뢰가 쌓이면 위기가 왔을 때 더 좋은 조건으로 받을 수도 있고, 안정적인 품질을 유지할 수 있다. 장사는 사람과의 관계에서 성패가 결정된다. 직원이 오래 머물고, 고객이 지속적으로 방문하고, 협력업체와 신뢰를 유지하는 가게는 흔들리지 않는다. 좋은 사람이 남아야, 좋은 장사가 된다. 단기적인 이익을 좇아 직원들을 소모품처럼 대하고, 고객과의 관계를 가볍게 여기고, 협력업체와 신뢰를 쌓지 않는다면 가게는 오래갈 수 없다. 반면, 사장이 직원들을 존중하고 고객을 진심으로 대하며, 협력업체와 장기적인 관계를 유지하면 자연스럽게 성장한다. 단골이 늘어나고, 직원들이 자발적으로 움직이며, 가게 운영이 훨씬 수월해진다.

가게를 움직이는 것은 돈이 아니다. 사람이 하는 일이다. 결국 장사는 메뉴나 인테리어보다 사람을 어떻게 대하느냐에 따라 운명이 달라진다. 장사를 오래 하고 싶다면, 가게를 함께 꾸려나가는 사람들을 먼저 생각해야 한다. 직원이 가게를 '내 일터'라고 생각하고, 고객이 '단골이 되고 싶은 곳'이라 느끼며, 협력업체가 '함께 성장하는 파트너'라고 여길 때, 그 가게는 자연스럽게 살아남는다.

사람이 떠나면 매출도 떠난다

장사는 결국 사람이 한다. 그리고 가게의 얼굴은 직원이다. 손님이 가게를 기억하고 다시 찾는 큰 이유 하나는 바로 직원의 서비스가 만들어내는 경험과 감동이다. 고객이 음식을 먹으러 오는 것이 아니라, 좋은 기분과 따뜻한 대접을 받기 위해 온다고 생각해야 한다. 얼마 전 컨설팅했던 한 작은 파스타 가게가 있었다. 맛도 훌륭했고, 가격도 합리적이었지만 손님들이 한 번 방문하고 다시 오지 않는다는 것이 문제였다. 방문해서 살펴보니 음식은 완벽했지만, 직원들의 응대가 무미건조했다. 주문받을 때도 형식적으로만 하고, 손님과 눈도 잘 맞추지 않았다. 그래서 사장님과 함께 직원 교육을 진행했다. 손님이 들어오시면 먼저 밝게 인사하고, 식사 후에는 '맛있게 드셨나요?'라고 한마디만 더 해보라고 했다. 결과는 놀라웠다. 손님들이 단순한 손님이 아니라, 진심으로 대접받고 있다는 느낌을 받으면서 재방문율이 20% 이상 증가했다.

작은 행동 하나가 고객의 감정을 움직인다. 스타벅스에서 주문하면 본인이 저장한 닉네임을 불러 음료를 건넨다. '이름 불러주는 게 뭐가 중요해요?'라고 묻는 사장님도 있었지만, 막상 손님들은 내가 존중받고 있구나라는 느낌을 받으며 만족한다. 이런 사소한 디테일이 차이를 만든다. 반면, 손님이 카운터 앞에 서 있는데도 직원이 바쁘다는 이유로 눈도 마주치지 않고 주문을 받는다면 고객은 자신이 무시당했다고 느끼고 다시 방문하지 않을 확률이 높아진다.

한 중식당에서는 '혼밥'하는 손님들에게 조용히 따뜻한 국을 서비스로 제공했다. "혼자 오셨으니 따뜻한 국물 드시면서 천천히 식사하세요" 이 한마디에 감동한 손님은 이후로 단골이 되어 친구들과 함께 찾기 시작했다. 작은 배려가 감동으로, 감동이 재방문을 만든다. 결국, 손님이 다시 찾는 가게가 되려면 직원의 서비스가 핵심이다. 고객은 맛과 가격도 중요하게 생각하지만, 가게에서 느끼는 감정이 더 오래 기억된다. 직원이 단순히 일을 하는 사람이 아니라, 고객에게 좋은 경험을 선사하는 사람이라는 것을 인식할 때, 가게는 진짜 의미 있는 단골을 만들 수 있다. 경험이 감동을 만들고, 감동이 재방문을 만든다.

💡 가슴에 새겨야 할 장사의 원칙

- 잘 되는 가게엔 늘 좋은 사람이 있고, 잘 망하는 가게엔 늘 사람 문제가 있다.

5장

SNS와 배달에서 매출이 터진다

5장

5-1 돈 안 들이고 100% 효과 보는 마케팅

콘셉트가 확실하면 손님이 알아서 온다

장사를 하면서 '우리 가게만의 강점이 뭐지?'라고 생각을 해보았을 것이다. 그냥 맛있다고 손님이 오는 시대는 끝났다. 맛있고 더 싼 곳도 많다. 그런데 어떤 가게는 문전성시를 이루고, 어떤 가게는 파리만 날리는 차이가 뭘까? 정답은 콘셉트이다. 잘되는 가게들은 딱 떠오르는 이미지가 있다. '거긴 감성 카페야', '여긴 고기 질이 끝내줘', '퇴근하고 가기 좋은 포장마차야'처럼 한마디로 설명할 수 있다. 반면 망하는 가게는 손님이 떠올릴만한 이미지가 없다. '어… 그냥 음식 팔던데?' 이 정도면 끝이다. 손님은 기억나지 않는 가게에는 다시 가지 않는다.

콘셉트는 단순히 메뉴 하나 정하는 게 아니다. 가게의 전체적인 방향이다. 분위기, 가격대, 서비스, 심지어 직원의 말투까지도 포함된다. 고급 한우 오마카세를 하는데 테이블이 허름하고, 직원이 반말 섞어가며 서빙 한다면? 또는 가벼운 술집인데 가격이 1인 10만 원 넘으면 손님이 부담스러워한다. 결국 콘셉트란 우리 가게를 찾을 손님이 누구인지 정확히 알고, 그들이 기대하는 분위기를 맞춰주는 것이다. 콘셉트를 정할 때 가장 먼저 해야 할 질문은 이거다. 누가 우리 가게에 올 것인가? 20대 여성? 40대 직장인? 가족 단위? 여기서 답이 나오면, 메뉴, 가격, 분위기, 서비스까지 흐름이 정해진다. 그리고 이걸 일관되게 유지하는 것이 중요하다.

컨설팅하면서 봤던 실패 사례 하나를 소개한다. 그 가게는 숙성 삼겹살집이었다. 숙성 삼겹살 전문점으로 오픈했는데, 장사가 잘 안되니 얼마 후에는 해산물 추가, 소고기까지 추가하다 결국 '거긴 뭐 하는 집이야?'라는 말만 듣다가 문을 닫았다. 반대로, 끝까지 콘셉트를 밀고 간 가게는 성공했다. 홍대의 한 라멘 가게는 '전국에서 가장 매운 라멘'이라는 콘셉트를 내세우면서 점점 유명해졌다. 메뉴 하나만 팔아도 손님이 몰리는 가게가 된 것이다.

콘셉트는 단순한 기획이 아니라, 살아남기 위한 전략이다. 장사를 하다 보면 유행이 변하고, 경쟁이 심해진다. 그때마다 가게의 핵심 콘셉트를 유지하면서 시대 흐름에 맞춰 변화해야 한다. 감성 카페가 유행하면 가게 분위기를 조금 더 트렌디하게 바꾸고, 배달 시장이 커지면 대표 메뉴를 배달 최적화 버전으로 변형하는 식이다. 여기서 중요한 것은 핵심 콘셉트가 흔들리면 안된다는 것이다.

핵심은 손님이 우리 가게를 기억할 분명한 이유가 있느냐가 가장 중요하다. 콘셉트가 명확하면 마케팅도 쉬워지고, 단골도 생긴다. '우리 가게는 이런 곳이다'라고 한마디로 설명할 수 있어야 한다. 만약 그렇지 않다면, 지금부터 다시 고민해야 한다. 콘셉트가 없으면 손님도 없다. 콘셉트가 확실하면 손님이 알아서 온다. 장사의 본질은 결국 여기서 결정된다.

SNS로 손님을 부르는 비밀

SNS 마케팅에서 중요한 건 단순한 홍보만이 아니다. 그냥 음식 사진 한 장 올리는 것으로 주목받기 어렵다. 사람들이 관심을 가지게 만들려면, 스토리텔링, 감성 요소, 그리고 트렌드 반영이 필수다. 요즘 뜨는 가게들을 보면 단순히 맛집이 아니라, 손님이 그 가게를 경험하고 싶게 만든다.

경주의 〈올소 베이크샵 브런치 카페〉는 감성콘텐츠로 핫플이 된 성공적인 사례다. 오픈 초기 인스타그램을 활용해 지역 관광객 타겟팅에 성공했다. 사장님은 카페의 자연광, 가든 풍경, 플레이팅 등을 감성적인 사진과 짧은 릴스 영상으로 제작해 매일 업로드했으며, 경주 카페 투어와 관련된 지역 키워드 해시태그를 적극 활용했다. 카페를 방문한 고객들도 인증샷을 SNS에 올리며 바이럴을 도왔고, 한 유명 인플루언서의 방문 이후 방문자 수가 폭증해 한 달 평균 매출이 두 배 이상 증가했다. 이 사례는 외식업에서도 브랜딩된 이미지와 지역 해시태그 전략만으로 관광

상권 내에서 성공할 수 있음을 보여준다.

아울러 전주의 30년 전통 국밥집 〈현대옥〉 사례도 눈여겨 볼만하다. 〈현대옥〉은 레시피 공개와 일상소통으로 단골을 만든 사례이다. 2세대 사장은 유튜브 쇼츠와 인스타그램을 통해 가게의 조리 과정과 가족 운영의 일상을 꾸준히 올렸다. 국밥 끓이는 소리, 새벽 장보기 브이로그, 어머니의 비법 육수 등 스토리 있는 콘텐츠가 지역 주민은 물론 타 지역 사용자들의 감성을 자극하며 인기를 끌었고, 유튜브 쇼츠 중 하나는 50만 조회 수를 기록했다. SNS를 통해 매장을 먼저 경험한 고객들이 직접 가게를 방문하거나 포장 주문하는 고객으로 전환되었고, TV 프로그램 출연 제의까지 받을 만큼 주목을 받았다. 이 사례는 소박한 진심과 꾸준한 기록이 강력한 마케팅 도구가 될 수 있음을 보여준다.

〈엉짱윤 치킨〉 또한 대표적인 사례다. 이곳은 단순히 치킨을 파는 가게가 아니다. 고객과의 적극적인 소통과 차별화된 감성을 기반으로 빠르게 성장한 브랜드다. 특히 온라인 마케팅을 전략적으로 활용해 단골을 확보하고, 매장을 식사 공간뿐만 아니라 하나의 경험으로 만들었다. 2013년 5월 14일, 블로그에 첫 포스팅을 올린 이후 꾸준히 콘텐츠를 생산하며 고객과의 접점을 만들었다. 이후 인스타그램으로 플랫폼을 확장하면서 더욱 감각적인 마케팅을 시도했다. 현재 인스타그램 팔로워 수는 6만 7천 명에 이르는데, 이는 개인이 운영하는 식당으로는 상당한 규모다. 블로그에서는 공지 사항을 효과적으로 활용하고, 인스타그램에서는 감성적인 스토리텔링을 강조하며 브랜드의 매력을 극대화했다.

아울러 SNS에서도 활용할 수 있는 차별화된 전략의 또 다른 요소로 자체 '뿔 소스'를 개발했다. 이 소스는 치킨과 함께 밥을 비벼 먹거나, 볶음 요리에 활용할 수 있도록 만들어졌다. 소스의 개념을 새로운 방식으로 즐길 수 있도록 제안하며 차별화를 시도했다. 이 전략은 자연스럽게 고객들의 호기심을 자극했고, SNS에서 입소문이 퍼지는 계기가 되었다. 실제로 손님들이 SNS에 '뿔 소스는 꼭 사야 한다!', '이 치킨은 밥과 함께 먹어야 제맛' 같은 후기를 남기면서 자발적인 홍보가 이루어졌다.

온라인 마케팅에서 가장 중요한 것은 고객과의 진정성 있는 소통과 차별화된 전략이다. 위에서 언급한 〈올소 베이크샵〉, 〈현대옥〉, 〈엉짱윤 치킨〉 사례에서 배울 수 있는 가장 큰 교훈은 고객이 자발적으로 참여하고 싶은 브랜드를 만드는 것이 핵심이다. 고객과의 지속적인 소통이 단골을 만들고, 차별화된 요소가 브랜드 가치를 높인다. 장사는 고객의 관심을 끄는 일이다. 이를 실천하면 자연스럽게 손님이 끊이지 않는 가게가 될 수 있다.

온라인 공간을 내 키워드로 점령하라

요즘 손님들은 가게를 무조건 검색부터 하고 온다. 홍대 맛집, 강남 파스타 추천, 한남동 분위기 좋은 카페 같은 키워드를 검색하고 나온 곳 중에서 골라 간다. 검색 결과에 우리 가게가 없으면 그 손님은 다른 곳으로 간다. 아무리 맛있는 음식을 만들고, 좋은 서비스를 제공해도 검색되지 않으면 존재하지 않는 가게나 마찬가지다. 여기서 중요한 사실 하나. 손님이 검색할 때 우리 가게가 노출되도록 만드는 방법이 있다. 바로 해시태그와 키워드 설정이다.

해시태그를 잘 사용하면, 광고비 없이도 손님들이 먼저 찾아온다. 하지만 많은 사장들이 해시태그를 그저 #맛집, #배달맛집, #점심추천 같은 식으로만 하는 실수를 한다. 이런 흔한 태그는 이미 수천 개, 수만 개의 게시물에 묻혀서 우리 가게를 찾기 어렵게 만든다. 진짜 중요한 건 우리 가게만의 특색을 살린 해시태그를 만드는 것이다. 가령 강남에서 수제버거를 파는 가게라면 #강남수제버거, #패티가맛있는집, #강남햄버거맛집 같은 구체적인 태그를 써야 한다. 만약 브런치 카페를 운영한다면 #연남동브런치, #홍대모닝세트, #크로와상이맛있는카페 같은 식으로 키워드를 맞춰야 한다.

SNS에서 유명해지는 가게들은 해시태그를 대충 붙이지 않는다. 고객들이 실제로 검색할 만한 키워드를 골라 브랜드와 연결한다. 한 카페 사장은 해시태그 하나로 가게를 대박 냈다. 처음에는 손님이 많지 않았으나 #연남동감성카페라는 태그를 밀어붙이면서 점점 검색에 노출되기 시작했다. 결국 이 해시태그 덕분에 손님들이 SNS에서 사진을 보고 찾아오기 시작했고, 몇 달 만에 줄 서서 기다리는 카페가 됐다. 브랜딩이라고 하면 거창해 보이지만, 사실 어렵지 않다. 손님이 우리 가게를 어떻게 기억하느냐가 브랜딩의 핵심이다. 단순히 맛있다는 평가를 받는 것보다, '여기는 1인 혼밥하기 좋은 파스타집', '여기는 제주도 흑돼지만 쓰는 삼겹살집'처럼 확실한 콘셉트가 있어야 손님들이 기억한다.

그러면 어떻게 해시태그로 연결할까? 간단하다. 먼저 우리 가게의 강점을 한두 문장으로 정리해보자. 우리 가게에서 가장 특별한 점이 뭘까? 가격? 맛? 분위기? 아니면 재료? 이걸 구체적인 키워드로 변환하면 된다. 예를 들어, 혼자 와도 편안한 파스타집이라면 #1인파스타, #혼밥하기좋은맛집 같은 태그를 쓸 수 있다. 고급 원두만 사용하는 카페라면 #스페셜티커피, #핸드드립전문 같은 태그를 달면 된다.

중요한 건 사람들이 실제로 검색하는 키워드를 찾는 것이다. 네이버나 인스타그램에서 검색창에 단어를 입력해 보면 자동완성 키워드가 나온다. 그게 바로 사람들이 실제로 많이 검색하는 단어들이다. 이걸 참고해서 내 가게와 맞는 해시태그를 설정한다. 해시태그와 키워드를 제대로 설정하면 손님이 우리 가게를 검색하고, 자연스럽게 방문하게 된다. '맛있다'는 평가에 만족하지 말고 손님이 우리 가게를 특정 키워드로 검색하고 찾아오게 만들어라. 해시태그 하나만 제대로 써도, 광고 없이 손님이 먼저 찾아오는 가게가 될 수 있다.

지금 바로 내 가게를 검색해 보자. 만약 우리가 원하는 키워드에서 우리 가게가 안 나온다면 해시태그를 바꿔야 할 때다. 이제 손님이 직접 우리 가게를 검색해서 찾아올 수 있도록 해시태그 전략을 시작해보자.

💡 가슴에 새겨야 할 장사의 원칙

- SNS는 비용보다 시간이 중요하고, 정성보다 꾸준함이 더 큰 무기다.

5-2 블로그·인스타그램· 스마트플레이스 핵심 전략

블로그 글쓰기, 매출을 바꾸는 힘이 된다

장사하면서 이런 생각을 해본 적이 있을 것이다. 우리 가게는 음식도 맛있고 서비스도 좋은데, 왜 손님이 안 올까? 광고를 해볼까? SNS 마케팅을 배워볼까? 고민하다가 결국 바쁜 하루에 치여 흐지부지되는 경우가 많다. 가게를 운영하면서 가장 확실하게 매출을 올리는 방법이 블로그 글쓰기다. 장사를 하면서 꾸준히 블로그를 운영하면 매출이 바뀐다. 고객들이 검색을 통해 내 가게를 알게 되고, 신뢰가 쌓이고, 방문하는 이유가 만들어진다. 그런데 많은 사장님이 블로그를 어렵게 생각한다. 내가 글을 잘 쓰는 것도 아니고, 바빠 죽겠는데 언제 블로그까지 쓰냐고 말한다. 블로그는 글을 잘 쓰는 것이 중요한 게 아니다. 진짜 중요한 건 내 가게를 어떻게 알릴 것인가이다.

KYG 온라인 마케팅 과정 수업을 들으며 만난 〈뉴욕삼합〉 현 대표의 이야기이다. 본인이 직접 쓴 가게 블로그로 몇 배의 매출 상승을 기록한 현 대표는 처음엔 단순한 기록으로 블로그를 시작했다고 한다. 몸이 아파 응급실에 갔던 경험을 통해 삶의 절실함을 깨닫고, 생각을 정리하려는 목적으로 블로그에 글을 쓰기 시작했다. 점차 매장 관련 글도 꾸준히 쓰면서 손님들의 반응이 달라지는 걸 경험했다고 한다. 현 대표는 "사람들이 검색을 통해 우리 가게를 찾기 시작했고, 매출도 눈에 띄게 상승했다. 블로그는 고객과의 대화를 쌓는 과정이고, 내 가게를 검색에 노출하는 강력한 마케팅 도구다. 장사는 사람들이 내 가게를 알고 찾아오도록 만드는 것이 가장 중요한데, 블로그는 그 역할을 톡톡히 해낸다"라고 말한다.

블로그를 하면 가장 좋은 점은 '관심 축적'이다. 블로그에 글을 하나씩 쌓아두면 검색할 때마다 내 가게가 노출된다. 사장들이 '우리 가게 홍보 좀 해주세요'라며 돈을 들여 광고를 하지만, 광고는 일정 기간만 노출되고 끝난다. 반면, 블로그는 꾸준히 글이 쌓이면 검색할 때마다 내 글이 나오고, 한 번 쓴 글이 계속 가치를 만들어낸다. 블로그는 손님을 이해하는 가장 좋은 방법이기도 하다. 손님들은 검색을 통해 궁금한 것을 찾는다. '홍대 파스타 맛집', '강남 데이트 추천 식당', '혼밥하기 좋은 카페' 같은 키워드로 검색한다. 이때 블로그에 '강남 혼밥하기 좋은 돈가스집' 같은 글을 올려두면 어떨까? 내 가게가 손님이 원하는 가게로 연결될 확률이 높아진다.

블로그를 하면서 중요한 것은 '고객에게 어떤 이야기를 들려줄 것인가'다. 단순히 메뉴 소개만 올리는 게 아니라, 손님들이 궁금해하는 것들, 가게의 이야기, 음식에 대한 에피소드, 그리고 나만의 생각을 담아야 한다. 블로그 글쓰기는 단순히 가게 홍보를 넘어서 개인의 성장에도 큰 도움이 된다. 처음에는 손님들에게 가게를 알리는 것이 목적이었지만, 꾸준히 글을 쓰면서 사고의 깊이가 달라지고, 고객을 대하는 태도도 바뀌게 된다. 기록하는 습관이 생기면, 가게 운영도 훨씬 체계적으로 변한다.

장사를 하다 보면, 고객이 원하는 것이 달라지고 트렌드도 변한다. 블로그를 꾸준히 하다 보면, 변화하는 시장 속에서 내 가게를 어떻게 운영해야 할지 감이 잡힌다. 고객 반응이 가장 좋았던 글을 분석해 보면, 사람들이 어떤 키워드에 반응하는지 알 수 있다. 이를 바탕으로 메뉴를 개선하고, 서비스의 방향도 잡을 수 있다. 블로그가 주는 가장 큰 힘은 축적의 효과다. 처음에는 한두 명이 보던 블로그가 시간이 지나면서 방문자가 늘어나고, 검색 노출이 많아지면서 자연스럽게 손님이 찾아오게 된다. 블로그에 올린 글이 한두 달 만에 효과를 내는 것은 아니지만, 6개월, 1년이 지나면 내 가게를 검색해서 찾아오는 손님이 늘어나고, 매출에도 큰 영향을 미친다.

블로그는 장사의 필수 도구다. 단기간에 큰 효과를 보기는 어렵지만, 시간이 지나면 확실한 결과를 만들어낸다. 꾸준히 기록하고, 고객의 반응을 살피고, 고객이 궁금해하는 키워드를 찾아내라. 요즘은 AI와 함께 하면 최적화된 블로그를 쉽게 쓸 수 있다. 자영업 사장들도 꾸준히 공부해야 하는 이유도 여기에 있다. 지금 내 가게를 알리고 싶다면, 블로그를 시작해야 한다. 오늘부터라도 한 줄씩 기록해 보자. 작은 글 하나가 모여 내 가게를 알리는 강력한 무기가 될 것이다.

인스타그램으로 알리고 소통하라

요즘 자영업자에게 인스타그램은 선택이 아니라 필수다. '맛만 좋으면 손님이 알아서 찾아오겠지'라고 생각하지만, 현실은 다르다. 아무리 훌륭한 상품과 서비스를 제공해도 고객이 알아주지 않으면 의미가 없다. 인스타그램은 고객과 가장 쉽게 소통할 수 있는 채널이며, 이를 효과적으로 활용하면 매출 상승까지 연결될 수 있다. 하지만 단순히 계정을 운영하는 것만으로는 부족하다. 어떤 콘텐츠를 올리고, 어떻게 고객과 소통해야 하는지 전략적으로 접근해야 한다.

인스타그램으로 성공하려면 콘텐츠를 지속적으로 업로드해야 한다. 업로드할 때는 사진과 글을 올리는 것만으로는 고객의 관심을 끌 수 없다. 핵심은 차별화된 콘텐츠다. 가게의 개성을 담아 브랜드 이미지를 구축하고, 고객이 공감할 수 있는 이야기를 전달해야 한다. 한 치킨집 사장님은 매일매일 다른 치킨 메뉴를 소개하며, 요일별 할인 이벤트를 공지했다. '오늘은 바삭한 후라이드 한 마리 어떠세요?'라는 친근한 문구와 함께 갓 튀겨진 치킨 사진을 올렸다. 그러자 게시물을 보고 온 고객이 늘었고, 기존 단골도 댓글과 공유를 통해 자연스럽게 가게를 홍보했다. 얼마 전 뉴스에 나온 한 치킨집 사장님은 인스타그램을 하고 싶은데 어떻게 해야 하는지 몰라서 한 달 동안 매일 튀김기 세척하는 사진을 찍어서 인스타그램에 올렸다. 결과는 놀라웠다. 깨끗한 치킨집으로 소문나며 매출이 한 달에 3배 올랐고 자연스럽게 화제가 되었다.

인스타그램은 단순한 홍보 도구가 아니다. 고객과 소통하는 공간으로 활용해야 한다. 한 방향으로 정보만 전달하는 것이 아니라, 고객과의 대화를 통해 관계를 형성하는 것이 중요하다. 또한 인스타그램 마케팅의 핵심은 꾸준함이다. 한두 번 게시물을 올린다고 해서 당장 효과가 나타나지는 않는다. 매일 정성껏 콘텐츠를 제작하고, 고객과 소통하며, 광고까지 적절히 활용한다면 장기적으로 분명한 성과를 얻을 수 있다.

나는 업종 닥터를 하면서 이 모든 것을 완벽히 하는 50대 여자 사장님을 보았다. 고려대학교 앞에 있는 〈소문난 의정부 부대찌개 고대 본점〉이다. 인스타그램을 통해 학생들과 소통하고 부대찌개 메뉴를 최신 트렌드에 맞추어 릴스로 홍보하고 매장의 뒷이야기, 메뉴 이야기, 직원들, 손님들 이야기를 자체 블로그에 매일 쓰신다. 또한 유튜브까지 운영하고 있다. 이곳은 다들 어렵다는 요즘 30평 매장에서 일 매출 450만 원을 올리며 계속해서 최고 매출을 갱신하고 있다. 온라인 마케팅을 통해 동네 맛집에서 멀리서 찾아오는 맛집이 되었고 방송국에서도 찾아와서 꽁짜로 촬영했다.

SNS 마케팅을 할 때 가장 중요한 건 어디에 올릴까가 아니라, 어떤 방식으로 올릴까이다. 같은 내용이라도 플랫폼별로 다르게 접근해야 한다. 무조건 다 하려고 하지 말고, 우리 가게에 맞는 플랫폼을 찾아 사용법을 완벽히 익혀라. 그런 다음 우리 가게와 비슷한 가게를 벤치마킹해서 우리 매장만의 차별화 요소를 만들어라. 타깃에 맞추어 메시지를 지속적으로 운영하는 것이 핵심이다. 온라인 홍보는 꾸준하게 하는 것이 전략이다.

온라인 가게 '스마트플레이스'에 집중하자

앞에서 네이버에 '검색되지 않는 가게는 존재하지 않는 것과 같다'라는 말을 했다. 요즘 손님들은 어디를 가든 먼저 네이버에서 검색부터 하기 때문이다. 그런데 가게 정보가 없거나, 운영 시간이 잘못 표시돼 있거나, 사진이 제대로 등록되지 않았다면 손님은 다른 가게로 갈 것이다. 〈네이버 스마트플레이스〉를 제대로 활용하는 것만으로도 광고비 한 푼 들이지 않고도 방문 고객을 늘릴 수 있다. 스마트플레이스는 단순한 가게 정보 페이지가 아니다. 고객이 직접 가게를 검색하고, 정보를 확인하고, 리뷰를 남기면서 신뢰를 쌓을 수 있는 공간이다.

많은 사장님이 스마트플레이스를 대충 등록해 놓고 방치한다. 우리 가게의 정보를 정기적으로 업데이트하고 리뷰를 적극 관리하자. 시간이 지날수록 많은 고객을 확보할 것이다. 실제로 스마트플레이스를 최적화한 가게들은 별다른 마케팅을 하지 않아도 자연스럽게 고객 유입이 늘어났다. 운영 시간을 정확히 등록하는 것은 기본이다. 스마트플레이스를 방치한 가게들의 가장 흔한 실수가 운영 시간이 잘못 기재되어 있는 경우다. 고객이 방문했는데 문이 닫혀 있다면, 그 실망감은 리뷰로 이어지고 결국 가게에 대한 신뢰가 무너진다. 메뉴와 사진 관리도 중요하다. 대표 메뉴의 사진을 올려두면 고객이 방문하기 전에 가게의 분위기와 음식을 미리 경험할 수 있다. 너무 어둡거나 흐릿한 사진보다는 밝고 선명한 사진을 올려야 고객의 신뢰를 높일 수 있다.

리뷰 관리는 스마트플레이스 운영의 핵심이다. 고객들이 남긴 리뷰가 많을수록 새로운 고객들이 방문을 결정하기 쉬워진다. 별점이 낮거나 부정적인 리뷰가 달렸다면, 빠르게 응대하여 고객과의 신뢰를 회복해야 한다. 많은 사장님이 부정적인 리뷰를 무시하거나 삭제하려 하지만, 오히려 성의 있는 답변을 남기는 것이 더 좋은 인상을 남긴다. 긍정적인 리뷰에는 감사 인사를 전하고, 부정적인 리뷰에는 개선하겠다는 태도를 보이면 고객들은 그 진정성을 느낀다. 리뷰 이벤트를 활용하는 것도 좋은 방법이다. 가게를 방문한 고객에게 리뷰를 남기면 작은 혜택을 제공하는 방식으로 리뷰 개수를 늘려나가면 검색 노출에도 유리하다.

스마트플레이스를 활용해 성공한 사례는 많다. 수원 인계동의 〈신스쭈꾸미〉 사장님은 스마트플레이스를 적극적으로 활용하여 월 매출이 30% 이상 증가했다. 처음에는 검색해도 가게 정보가 제대로 나오지 않아 방문율이 낮았지만, 시그니쳐 메뉴인 '숙주 폭탄 소불고기' 메뉴 사진과 방문자 리뷰를 꾸준히 관리하면서 '네이버 인계동 맛집' 키워드로 상위 노출이 되었다. 또 다른 사례로 파주에 있는 〈캠핑하는 오리 파주점〉에서는 리뷰를 남긴 고객에게 다음 방문 시 사용할 수 있는 추가 메뉴 쿠폰을 제공하는 이벤트를 진행했다. 그 결과 음식을 먹고 만족한 고객들이 단골이 되면서 매출이 25% 상승했다. 그 결과 단골이 늘어나면서 내출이 25% 상승했다.

〈네이버 스마트플레이스〉는 단순한 온라인 명함이 아니다. 적극적으로 활용하는 가게와 그렇지 않은 가게의 차이는 시간이 지날수록 더 커진다. 광고비를 들이지 않고도 가게를 알릴 수 있는 가장 효과적인 방법이 바로 스마트플레이스다. 지금 당장 내 가게 정보를 확인하고, 운영 시간과 메뉴를 최신 상태로 유지하며, 리뷰 관리를 시작해 보자. 손님이 직접 찾아오게 만드는 가장 쉬운 방법은 스마트플레이스를 제대로 활용하는 것이다.

가슴에 새겨야 할 장사의 원칙

- 팔고 싶은 것만 올리지 마라.
- 보고 싶은 걸 올리는 가게에 고객이 반응한다.

5장

5-3 고객이 자발적으로 가게를 홍보하게 만드는 법

돈 안 들이고 매출 올리는 SNS 마케팅 공식

SNS 마케팅은 이제 대기업이나 프랜차이즈만 하는 것이 아니다. 오히려 작은 가게일수록 SNS를 제대로 활용하면 광고비 한 푼 쓰지 않고도 손님을 끌어올 수 있다. 하지만 여전히 많은 사장님이 '우리 같은 작은 가게에서 SNS가 효과가 있을까?'라며 망설인다. 반대로, 요즘 핫한 가게들을 보면 공통점이 있다. 음식이 특별해서도, 위치가 좋아서도 아니다. 사람들이 사진을 찍고 싶고, 공유하고 싶게 만든다는 점이다. 콘텐츠, 일관성, 해시태그 이 세 가지만 제대로 운영하면 광고비 없이도 자연스럽게 손님이 몰려든다.

용산에 있는 〈서울앵무새〉를 보면 그 답이 보인다. 이곳은 SNS를 제대로 활용하면서 단숨에 용산의 대표적인 카페로 자리 잡았다. 수많은 사람들이 이곳을 찾아왔다. 비결은 간단하다. 앵무새라는 정체성에 맞추어 음료부터 디저트, 인테리어, 소품, 포토존을 기획하고 색상부터 메뉴명까지 브랜드가 되도록 SNS 콘텐츠를 만들었기 때문이다. 커피 한 잔의 맛을 강조하기보다, 그 커피를 어디에서, 어떤 분위기에서 마시느냐에 집중했다. 감각적인 인테리어와 따뜻한 햇살이 드는 자리, 그리고 〈서울앵무새〉라는 독특한 브랜드 네이밍이 고객들의 감성을 자극했다.

〈서울앵무새〉는 창업 초기부터 큰 마케팅 비용을 쓰지 않았다. 광고보다는 SNS에 '올릴 거리'를 기획하는 데 집중했다. 즉, 손님이 알아서 홍보하게 만드는 구조를 짠 것이다. 앵무새라는 이름에 맞게 모든 요소가 콘텐츠가 되도록 설계했다. 음료 메뉴는 단순히 커피가 아니라, '날개 크림 라떼', '앵무새 아이스티'처럼 이름만 봐도 사진 찍고 싶게 만든다.

예쁜 그릇, 알록달록한 색감, 창가 햇살과 어우러진 음료는 그 자체로 '인생샷'이 된다. 특히 매장 한쪽에 있는 작은 포토존에는 직접 만든 앵무새 일러스트와 조명 연출이 있어, 손님들이 줄 서서 사진을 찍는다. 이 사진이 인스타그램에 자발적으로 공유되며 '무료 광고'가 되는 셈이다. 〈서울앵무새〉는 인스타그램 피드 하나하나가 브랜드의 얼굴이다. 피드를 보면 색감, 분위기, 말투, 심지어 이모지 하나까지도 톤이 맞춰져 있다. '햇살 좋은 오후, 앵무새와 커피 한 잔' 같은 감성적인 문구를 꾸준히 사용하면서 고객에게 브랜드의 느낌을 각인시킨다.

하루는 카페, 하루는 음식점처럼 오락가락하지 않는다. 브랜드 톤이 통일되면 신뢰와 팬층이 생긴다.

　SNS에서 한 번 노출되면, 그 자체가 영업사원이 되는 시대다. SNS는 콘텐츠가 없어서 안 되는 게 아니라 '올릴 거리를 안 만들어서' 안 되는 경우가 대부분이다. 또한 SNS에서 성공하려면 꾸준함이 중요하다. 한두 번 게시물을 올리고 끝내는 게 아니라, 마치 사람들과 매일 대화하듯 지속적으로 콘텐츠를 만들어야 한다. 〈서울앵무새〉는 이를 아주 잘했다. 단순한 홍보 글이 아니라, '〈서울앵무새〉에서 가장 좋아하는 메뉴는 무엇인가요?' 같은 질문을 던지면서 자연스럽게 고객들이 참여하게 만들었다. 댓글이 늘어나고, 사람들이 서로의 답변을 보면서 대화가 이어졌다. 그리고 고객들이 올린 사진을 리그램(공유)하면서, 방문한 사람들이 스스로 〈서울앵무새〉를 홍보하는 구조를 만들었다. 결국 사람들은 단순한 '카페'가 아니라, '함께 만들어가는 공간'이라는 느낌을 받았다.

　검색 유입을 늘리는 해시태그도 빼놓을 수 없다. 〈서울앵무새〉는 인기 있는 해시태그인 #서울카페, #용산카페, #핫플레이스를 활용하면서도, 자신들만의 고유 해시태그 #서울앵무새를 만들어 자연스럽게 고객들이 사용하게 했다. 특히 '용산'이라는 지역이 핫한 만큼, #용산데이트, #용산핫플 같은 해시태그를 적극 활용해 검색에 노출되도록 했다. 결국 SNS 마케팅의 핵심은 '감성+소통+검색' 세 가지다. 감성적인 콘텐츠로 브랜드 가치를 만들고, 사람들과 소통하며 지속적인 관계를 형성하고, 해시태그를 통해 검색 노출을 극대화하는 것. 〈서울앵무새〉는 이 전략을 완벽하게 활용했고, 지금은 제주도를 비롯한 여러 매장을 운영하며 지역을 대표하는 핫플로 자리 잡았다.

SNS 마케팅이 어렵다고 겁먹을 필요 없다. 우리 동네에서 SNS를 가장 잘하는 매장을 하나 찾아서 연구하며 따라 하면 충분히 할 수 있다. 감성적인 콘텐츠를 꾸준히 만들고, 고객과 자연스럽게 대화하며, 검색에서 노출될 수 있도록 해시태그를 활용하면 된다. 중요한 건 '진짜 사람들과 소통하는 느낌'을 주는 것, 단순히 홍보하려 하지 말고, 고객들이 스스로 우리 브랜드를 이야기할 수 있도록 만드는 것이 가장 강력한 마케팅이 된다. SNS에서 사람들이 먼저 찾아오게 만드는 것, 그것이 돈 안 들이고 효과 100% 보는 SNS 마케팅의 핵심이다.

팔로워 수는 숫자일 뿐, 진짜는 '소통력'이다

사장들은 SNS에서 많은 팔로워를 모으는 것이 중요하다고 생각한다. 그러나 SNS 마케팅에서 진짜 중요한 것은 팔로워 수가 아니라 참여율, 댓글, 공유율이다. 아무리 많은 팔로워가 있어도 반응이 없다면, 결국 매출로 연결되지 않는다. 반대로 적은 팔로워라도 꾸준히 소통하고 공유하는 고객이 많다면, 그 SNS는 강력한 마케팅 도구가 된다.

나는 프랜차이즈 본사에서 마케팅을 담당하면서 확실하게 깨달았다. SNS를 운영할 때 가장 중요한 건 고객과의 실제 소통이라는 것. 과거에는 TV 광고나 전단지로 브랜드를 홍보했다면, 이제는 고객이 직접 브랜드를 키우는 시대다. 그런데 많은 자영업 사장님은 여전히 일단 팔로워가 많아야 홍보가 된다는 착각에 빠져 있다. 하지만 팔로워가 많아도 아무런 반응이 없다면, 그 계정은 유명무실하다. 반면, 팔로워 수는 적어도 고객이 꾸준히 댓글을 달고, 게시물을 공유하고, 소통하는 계정은 매출과 직결된다.

대표적인 성공 사례가 곰탕 맛집 〈하동관〉의 SNS 운영 방식이다. 이곳은 오랜 전통을 가진 가게지만, 최근 몇 년간 SNS를 활용해 젊은 고객층까지 사로잡았다. 〈하동관〉의 공식 인스타그램은 단순한 메뉴 사진이 아니라, 고객과의 직접적인 소통을 강조한다. 손님들의 리뷰에 답변을 남기고, 고객들이 올린 사진을 리포스팅하며, 한마디 한마디를 정성스럽게 남긴다. 그 덕분에 한 번 방문하는 가게가 아니라, 사장님과 소통할 수 있는 공간이라는 인식을 만들어냈다.

SNS에서 참여율을 높이려면, 먼저 고객이 반응할 수 있는 콘텐츠를 만들어야 한다. 단순히 '오늘도 맛있게 준비했습니다'와 같은 형식적인 문구가 아니라, 고객이 공감하고 이야기하고 싶어 하는 주제를 다뤄야 한다. 나는 신제품을 출시할 때마다 사전 이벤트로 인스타그램에 신제품을 연상할 수 있는 이미지 한 장을 올리며 고객들의 반응을 끌어냈는데 엄청난 댓글이 달리기도 했다. 또한, 고객이 게시물을 공유하도록 유도하는 것도 중요하다. '우리 가게에서 찍은 인증샷을 올리면 작은 선물을 드립니다'와 같은 이벤트를 활용하면 자연스럽게 브랜드가 확산된다. 실제로 〈말똥도넛〉 같은 카페들은 손님들이 사진을 찍어 올릴 수밖에 없게끔 인테리어를 구성하고, 공유할 만한 콘텐츠를 끊임없이 제공한다.

프랜차이즈 본사의 가맹점과 지역 핫한 맛집의 SNS 마케팅을 보면 분명한 차이가 있다. 본사에서는 SNS 광고를 하고, 맛집 사장들은 고객과 대화한다. 고객과 대화하는 것이 진짜 SNS 마케팅이다. 한 가맹점에서 직접 운영하는 SNS 계정이 본사 계정보다 반응이 훨씬 높았던 경우도 있다. 이유는 간단했다. 손님들과 실제로 대화했기 때문이다. 댓글을 남기면 사장님이 직접 답변을 달고, 자주 오는 단골들의 게시물을 공유하며 자연스럽게 관계를 쌓아 갔다.

SNS는 일방적인 홍보 공간이 아니다. 고객이 직접 참여하고, 소통하고, 공유하는 공간이 되어야 한다. 팔로워 수보다 중요한 것은 그 팔로워들이 얼마나 적극적으로 반응하고 있는가다. 장사는 결국 사람과 사람이 만들어가는 것이다. 고객과 소통하는 SNS를 운영하면, 광고 없이도 사람들이 자연스럽게 찾아오게 된다. 진짜 중요한 것은 숫자가 아니라 관계다.

손님이 마케터가 되는 가게, 이렇게 설계한다

SNS 홍보에서 가장 효과적인 방법은 사장님이 열심히 광고하는 게 아니라, 손님이 대신 홍보해 주는 것이다. 고객이 자발적으로 가게를 알릴 수 있도록 설계하면, 광고비 없이도 자연스럽게 입소문이 퍼지고 손님이 몰린다. 그런데 대다수의 사장님이 '우리 가게도 SNS에서 뜨고 싶은데, 어떻게 해야 사람들이 알아서 홍보해 줄까?'라고 고민만 한다. 답은 간단하다. 손님이 사진을 찍고 싶고, 공유하고 싶고, 자랑하고 싶게 만들어야 한다. 그러려면 포토존, 해시태그, 리그램 전략을 제대로 활용해야 한다.

포토존은 단순히 예쁜 공간이 아니라, 손님이 이곳에 왔다는 걸 인증하고 싶게 만드는 요소가 있어야 한다. 예를 들어, 프랜차이즈 맥주집인 〈역전 할머니 맥주〉에는 '역전할 것인가? 역전할 것인가?'라는 감성적인 문구를 네온사인으로 걸었다. 손님들은 자연스럽게 그 앞에서 사진을 찍고, SNS에 올릴 때 #역전할머니 #역전할것이가? 같은 해시태그를 달았다. 결국 사장님이 광고하지 않아도, 손님이 직접 브랜드를 언급하며 마케팅해주는 구조를 만든 것이다.

손님이 올린 콘텐츠를 적극적으로 리그램하는 것도 효과적이다. 한식 브랜드 〈호족반〉은 고객들이 올린 감각적인 사진을 공식 인스타그램에서 꾸준히 리그램하면서, 팔로워들이 더욱 열성적으로 가게를 태그하고 공유하도록 유도했다. 고객은 '내 사진이 공식 계정에 소개됐다'라는 기분이 들면서, 더 적극적으로 SNS에 가게를 홍보한다.

신제품을 출시할 때 사전 홍보로 해시태그 이벤트를 진행하라. '이 메뉴와 가장 어울리는 이름을 지어주세요 #브랜드명 해시태그를 달아 올려주세요! 베스트 포스팅을 선정해 무료 쿠폰을 드립니다'라는 방식으로 접근하면 참여율이 폭발적으로 증가했다. 단순한 홍보가 아니라, 고객이 자발적으로 재미있게 참여할 수 있는 환경을 만들었기 때문이다.

이제는 사장이 직접 광고하는 시대가 아니다. 손님이 자연스럽게 가게를 홍보하게 만들어야 한다. 포토존을 설계하고, 해시태그를 유도하고, 고객 콘텐츠를 적극적으로 리그램하는 것만으로도 SNS에서 강력한 입소문이 퍼진다. 고객이 스스로 사진을 찍고, 공유하고, 태그하고 싶게 만드는 가게가 결국 살아남는다. 손님이 가게를 홍보하게 만들면, 광고비 없이도 SNS에서 끊임없이 회자하는 브랜드가 될 수 있다. 장사는 결국 사람의 마음을 움직이는 일이다.

 가슴에 새겨야 할 장사의 원칙

- 리뷰는 전략이 아니라, 감정이다.
- 고객이 자발적으로 남긴 한 줄이 광고비 100만 원보다 낫다.

5장

5-4 배달 매출 완벽히 올리는 법

매출을 만드는 배달 전략

배달을 시작한다고 주문이 막 들어올 거라고 기대하는 사장님들이 많으나 현실은 다르다. '배달앱에 가게 등록까지 했는데 왜 주문이 없지?'라고 고민하는 순간이 온다. 배달 시장이 워낙 치열하다 보니 그냥 배달앱에 가게를 올린다고 손님이 알아서 찾아오는 시대는 끝났다. 배달하려면 배달앱에서 어떻게 노출되느냐, 리뷰를 어떻게 관리하느냐, 어떤 키워드로 검색되느냐가 매출을 결정한다. 배달앱을 그냥 주문받는 플랫폼으로만 생각하면 안 된다. 배달앱도 마케팅 채널이다.

내가 배달 마케팅 관련 컨설팅하면서 가장 많이 들었던 이야기는 배달 등록을 했는데 주문이 너무 안 들어온다는 것이었다. 같은 프랜차이즈 브랜드여도 옆 동네 가맹점은 주문이 꾸준한데 어떤 가맹점은 배달 주문이 거의 없었다. 이유를 찾아보니 배달 앱에서 가게 노출이 잘 안되고 있었다. 배달 앱에서 손님이 음식을 주문할 때 가장 먼저 보는 건 추천 리스트다. 배달 앱은 신경 쓰지 않으면 가게가 자동으로 리스트 하단으로 밀려버린다. 그러면 손님들은 우리 가게가 있는지도 모른다. 이 가맹점 사장님도 처음엔 '브랜드 인지도도 있는데 주문이 없을 리가 없지'라고 생각했다. 하지만 앱을 켜보니 자기 가게는 한참 내려가야 보였다. 결국 찜하기 수를 늘리는 이벤트를 하고, 첫 주문 할인 프로모션을 걸면서 노출 순위를 끌어올렸다. 한 달 후, 주문량이 3배 이상 늘어났다. 배달은 등록만 한다고 끝이 아니라, 배달앱에서 '보이게' 만들어야 한다.

배달 앱에서 검색되는 키워드도 중요하다. 손님이 '치킨'을 검색하면 수백 개의 가게가 뜬다. 하지만 '마늘간장치킨'으로 검색하면 훨씬 줄어든다. 한 치킨 브랜드 가맹점주님은 처음에는 단순히 '치킨'으로만 키워드를 등록하다가 이후 '매콤한 치킨', '후라이드 잘하는 집', '간장치킨 맛집' 같은 키워드를 추가하면서 검색 노출이 증가했다. 손님들은 단순한 단어보다 구체적인 검색을 한다. 키워드를 어떻게 설정하느냐에 따라 주문율이 크게 달라지는 이유다.

최근 배달 시장에서는 배달비 상승, 수수료 문제, 배달앱 운영 방식 변화 등으로 인해 많은 가게가 어려움을 겪고 있다. 특히 배달비 부담이 커지면서 고객들도 배달 주문을 망설이게 되었다. 이를 해결하기 위해 일부 가게들은 배달앱에서 픽업 할인, 자체 배달 시스템, 배달료 포함된 세트 메뉴를 도입하면서 대안을 찾고 있다.

〈엽기떡볶이〉는 배달 떡볶이 시장에서 독보적인 입지를 차지하고 있다. 단순히 맵기만 한 떡볶이가 아니라, 배달로 먹어도 불지 않는 탄력 있는 떡, 넉넉한 양, 사이드 메뉴와 함께 즐길 수 있는 세트 구성이 세심하게 설계되어 있다. 또한, 리뷰 이벤트를 꾸준히 운영하면서 리뷰 수를 극대화하고, 리뷰 관리도 철저하게 한다. '리뷰 남기면 추가 토핑 서비스' 같은 간단한 이벤트지만, 이 작은 차이가 신규 고객 유입을 늘리고, 재주문율을 높이는 핵심 전략이 되었다.

배달한다고 매출이 무조건 오르는 게 아니다. 배달을 잘해야 매출이 오른다. 배달앱에서 손님이 우리 가게를 찾게 하려면 노출 전략을 세우고, 리뷰를 적극적으로 관리하며, 검색 키워드를 최적화하는 것이 필수다. 배달을 주문받는 채널이 아니라, 매출을 늘리는 마케팅 도구로 활용해야 한다. 배달을 '제대로' 해야 하는 시대다.

팔리는 배달 메뉴에는 공식이 있다

세트 구성은 배달 매출을 올리는 핵심 전략이다. 홀에서는 여러 개의 메뉴를 시켜도 부담이 덜하지만, 배달에서는 한 번의 주문으로 여러 가지를 먹을 수 있는 구성을 선호한다. 예를 들어, 한 피자 브랜드 가맹점주님은 단순한 피자 단품 메뉴보다 피자+윙+콜라 세트를 메인으로 정했다. 배달 앱에서는 세트 메뉴가 단품보다 클릭률이 높았고, 고객들이 한 번에 해결되니 편하다는 반응을 보였다. 결국 세트 판매 비율이 60% 이상으로 늘어나면서 객단가도 함께 상승했다.

배달 시장에서 트렌드를 빠르게 읽고 대응하는 것도 중요하다. 마라탕이 유행하기 시작할 때, 〈라화쿵부〉는 배달 최적화 전략을 빠르게 세웠다. 홀에서 먹는 마라탕과 다르게, 배달 마라탕은 국물과 건더기의 비율을 맞추고, 1인 메뉴부터 2~3인 세트 메뉴까지 세분화했다. 또한, '처음 마라탕을 먹어보는 사람들을 위한 추천 메뉴' 같은 안내 문구를 추가하면서, 마라탕이 익숙하지 않은 고객들도 부담 없이 주문할 수 있도록 했다.

배달에서 프로모션을 활용하는 것도 중요하다. 최근 배달비가 계속 오르면서 고객들이 배달 주문을 망설이는 경우가 많다. 한 프랜차이즈 치킨 브랜드는 배달비 부담을 낮추기 위해 픽업 주문 시 3천 원 할인 프로모션을 시작했다. 처음엔 반신반의했지만, 배달비가 부담스러웠던 고객들이 픽업 주문을 선택하면서 오히려 매출이 증가했다. 첫 주문 고객을 위한 '첫 주문 2천 원 할인' 같은 프로모션을 적용하자 신규 고객 유입도 늘어났다.

배달 마케팅은 단순한 가격 할인보다 '고객이 원하는 혜택'을 제공하는 것이 훨씬 효과적이다. 어느 사장님은 배달 고객들이 맥주 안주를 많이 찾는다는 점을 파악하고, '야식 세트 할인'을 기획했다. 결과적으로 늦은 밤 시간대 주문이 30% 이상 증가했다. 프로모션도 무작정 할인이 아니라, 타깃 고객이 필요로 하는 혜택을 제공해야 한다.

배달한다고 매출이 오르는 게 아니다. 배달 맞춤형 전략을 세워야 매출이 오른다. 배달 손님들은 편리함과 가성비를 중요하게 생각한다. 혼자 먹기 좋은 메뉴, 가족이 함께 먹을 수 있는 세트, 배달비 부담을 줄여주는 할인 혜택 같은 요소들이 배달 매출을 결정한다. 배달도 고객을 연구하고, 맞춤형 구성을 제공하는 것이 핵심이다. 배달을 전략적으로 운영하는 가게만이 살아남는다.

재주문을 부르는 배달의 기술

주문율이 높아야 안정적인 매출이 보장되고, 굳이 광고비를 들이지 않아도 손님이 끊이지 않는다. 배달은 홀 장사와 다르게 직접적인 서비스가 없으므로, 포장, 브랜딩, 리뷰 관리가 손님의 기억 속에 남는 중요한 요소가 된다.

리뷰는 배달 매출에 엄청난 영향을 미친다. 손님들은 배달 음식을 주문하기 전에 리뷰를 먼저 확인한다. 리뷰가 적거나 평점이 낮으면, 아무리 맛있어도 주문을 망설이게 된다. 한 프랜차이즈 피자 가맹점 사장님도 처음엔 리뷰 관리를 신경 쓰지 않았다가, 주문이 줄어들면서 문제가 심각하다는 걸 깨달았다. 이후 '리뷰 남겨주시면 사이드 메뉴 서비스' 같은 이벤트를 진행하고, 모든 리뷰에 직접 답을 달기 시작했다. 그러자 리뷰 수가 늘어나면서 주문도 점점 올라갔다. 손님들이 리뷰를 보고 '사장이 직접 소통도 해주네, 신뢰가 간다'라고 반응하면서 자연스럽게 재주문율도 많아졌다. 요즘은 배달앱 리뷰도 AI가 상황에 맞추어 완벽하게 달아준다. AI를 활용하면 업무 효율도 올리고 시간도 줄일 수 있다.

나는 프랜차이즈 본사에서 배달 가맹점들의 매출을 분석하면서, 리뷰를 적극적으로 관리하는 가게일수록 재주문율이 높다는 걸 경험했다. 한 번 주문한 고객이 다시 찾도록 만드는 방법은 간단했다. 사장이 리뷰에 직접 답변을 달면서 고객과 소통하는 것이다. 내가 파는 제품이 하나의 브랜드로 경험되려면, 포장부터 리뷰 관리까지 모든 과정을 철저하게 해야 한다. 한 번 주문한 고객이 브랜드를 기억하게 만들어야 한다. 단순한 한 끼가 아니라, "여기서 시키면 만족할 수 있다"라는 인식을 심어주는 게 중요하다. 고객 경험이 쌓이면, 배달도 브랜드가 된다. 재주문율을 높이는 배달이 결국, 살아남는 배달이다.

〈삼첩분식〉은 브랜드 아이덴티티를 강화하고 소비자 경험을 극대화하는 차별화된 포장 전략으로 성공을 거둔 사례다. 강렬한 레드 컬러와 심플한 디자인은 브랜드의 가시성을 높이며, 소비자가 한눈에 인식할 수 있도록 했다. 특히 '삼첩'이라는 네이밍에 맞추어 3가지 메뉴가 들어가는 손잡이가 달린 마치 짜장면집에서 배달 오던 철가방을 연상시키는 단단한 구조의 패키지를 만들었다. 이동이 편리하고 음식이 흐트러지지 않도록 설계되어, 배달 및 테이크아웃 시장에서 패키지로 차별화를 이루었다. 포장을 단순한 용기가 아닌 브랜드 경험의 일부로 활용하여 소비자와의 정서적 연결을 강화하고, 자연스럽게 입소문 효과를 유도한 것이 성공의 핵심이었다. 〈삼첩분식〉은 패키징을 통해 브랜드 가치를 높이고, 소비자들에게 강한 인상을 남기며 경쟁력을 확보하는 데 성공했다.

배달 시장에서 성공하는 가게들은 단순히 맛만 좋은 곳이 아니다. 배달 포장, 브랜딩, 리뷰 관리를 철저하게 전략적으로 운영하는 곳들이 살아남는다. 같은 배달 음식을 팔아도 어떻게 고객 경험을 설계하느냐에 따라 매출이 극명하게 갈린다. 배달에서 성공한 음식점들은 포장도 하나의 마케팅 도구로 활용하고, 브랜딩을 통해 고객에게 강한 인상을 남기며, 리뷰를 적극적으로 관리하여 재주문율을 높인다.

배달앱의 알고리즘은 단순하다. 리뷰 수가 많고, 평점이 높은 가게일수록 상위에 노출된다. 특히 긍정 리뷰가 많으면 신규 고객의 신뢰도를 높이고, 리뷰에서 언급된 특정 키워드(예: 간장치킨 맛집, 양이 푸짐한 돈가스)가 검색될 확률도 올라간다. 리뷰 관리가 잘된 가게는 새로운 고객 유입뿐만 아니라, 기존 고객의 재주문율도 높인다. 손님이 남긴 긍정 리뷰를 쌓아두지 말고 적극적으로 활용해라. 유명 배달 떡볶이 브랜드 〈엽기떡볶이〉는 리뷰 관리를 철저하게 하면서, 고객이 남긴 좋은 후기를 인스타그램, 블로그, 배달앱 가게 소개 페이지에 노출하는 전략을 썼다.

부정적인 리뷰가 올라왔을 때 즉각적으로 대응하는 것이 가장 중요하다. 손님이 불만을 남겼는데 아무런 반응이 없으면, 다른 고객들도 '이 가게는 고객 피드백을 신경 쓰지 않는구나'라고 생각한다. 강남에서 유명한 돈가스 배달 전문점은 부정 리뷰 관리가 철저한 브랜드 중 하나다. 음식이 늦게 도착했다는 리뷰가 올라오면, '불편을 끼쳐 죄송합니다. 배달 시간을 더 철저히 체크하겠습니다'와 같은 답글을 바로 달고, 고객에게 직접 메시지를 보내 후속 조치한다.

이런 사소한 대응 하나가 손님에게 신뢰를 주고, 가게의 이미지 관리를 돕는다.

부정적인 리뷰를 단순히 넘길 게 아니라, 문제점을 개선하는 기회로 삼는 것도 중요하다. 한 프랜차이즈 치킨 가맹점에서는 '치킨이 눅눅해요'라는 리뷰가 여러 번 반복되자 포장 방식을 변경했다. 일반 종이박스에서 통풍이 잘되도록 구멍을 낸 패키지를 적용하면서 문제를 해결했다. 그리고 이 내용을 공지 사항과 리뷰 답글에서 적극적으로 알렸다. 그러자 손님들은 '사장이 고객 피드백을 반영하는구나'라고 인식을 바꾸게 되었고, 매장 평점도 자연스럽게 올라갔다. 어떤 가게는 부정적인 리뷰 하나가 올라오면 손님이 줄어드는 반면, 어떤 가게는 부정 리뷰에도 불구하고 고객 충성도가 높아졌다. 그 차이는 리뷰를 방치하느냐, 빠르게 잘 대응하느냐이다. 배달 장사는 음식 배달을 통해 고객과의 신뢰를 쌓아가는 과정이다. 부정적인 리뷰가 올라오면, 즉각적인 대응으로 고객의 신뢰를 지키고, 피드백을 반영해 문제를 개선하며, 고객과의 적극적인 소통으로 브랜드 이미지를 관리해야 한다. 배달에서 가장 무서운 건 부정 리뷰가 아니다. 그 리뷰를 방치하는 것이다. 잘 관리된 부정 리뷰는 위기가 아니라, 기회가 된다.

가슴에 새겨야 할 장사의 원칙

- 배달 장사는 '기술'보다 '디테일'에서 갈린다.
- 고객은 결국 가장 신뢰 가는 가게를 선택한다.

5장

5-5 테이크아웃 고객을 단골로 만드는 브랜딩 전략

들고가는 순간 브랜드가 된다

배달만큼 중요한 것이 테이크아웃 고객을 단골로 만드는 전략이다. 배달은 앱에서 노출과 리뷰가 중요하지만, 테이크아웃은 고객이 직접 방문해 경험하는 과정 자체가 브랜드를 결정짓는다. 손님이 음식을 받아 가는 순간, 가게의 인상이 정해진다. 이때 포장 디자인, 고객 경험, 차별화 요소를 제대로 설계하면 테이크아웃 고객을 단골로 만들 수 있다. 똑같은 커피 한 잔을 받아도, 매장에서 어떻게 포장해 주고, 어떤 경험을 주느냐에 따라 손님의 재방문율이 달라진다. 테이크아웃에서 성공한 브랜드들을 보면 공통점이 있다. 음식을 받는 순간부터 먹는 과정까지 모든 경험을 브랜딩의 일부로 만든다.

테이크아웃을 잘하는 매장은 전용 패키지를 개발해 손님이 들고 다니기 편하게 만들뿐 아니라 차별화한 패키지로 손님이 포장을 들고 다니는 동안 자연스럽게 브랜드 홍보를 한다. 주변 사람들이 "그거 어디서 샀어?"라고 묻는 효과까지 얻는다. 또 테이크아웃을 이용하러 오면서 매장을 둘러보며 배달에서는 느끼지 못한 매장의 청결함으로 위생 서비스를 경험하게 하는 효과까지 낼 수 있다. 테이크아웃은 음식만 포장해 주는 것이 아니라, 고객이 브랜드를 직접 경험하는 과정이다. 포장이 브랜드를 말해주고, 고객 경험이 차별화를 만들어야 한다. 테이크아웃이 많은 가게일수록 포장 디자인, 고객 경험, 차별화 요소를 어떻게 설계하느냐가 단골 확보의 핵심이다. 한 번 방문한 손님이 다시 찾게 만들려면, 그 가게만의 특별한 경험을 제공해야 한다. 테이크아웃도 결국 브랜드다. 손님이 들고 가는 순간이 곧 마케팅이다.

단골은 쿠폰이 만든다

테이크아웃 장사도 한 번 왔던 손님이 또 오게 만들어야 진짜 장사가 된다. 다수의 사장님이 테이크아웃 손님을 한 번 팔고 끝인 고객으로 생각해 놓쳐버린다. 이왕 사 먹을 거면 여기서 사야겠다는 생각이 들게 만들어야 단골이 생긴다. 그걸 가능하게 해주는 게 쿠폰, 멤버십, 재방문 혜택이다.

테이크아웃을 자주 하는 손님들은 여기서 계속 사면 나한테 이득이 있다는 느낌이 들면 계속 방문한다. 스타벅스의 사이렌 오더가 대표적이다. 줄 서지 않고 앱으로 주문하면, 적립도 되고 기다리는 스트레스도 없다. 그러니까 굳이 다른 커피집 갈 필요가 없다는 생각이 들게 한다. 이런 멤버십 시스템은 테이크아웃 고객을 충성 고객으로 바꾸는 가장 강력한 무기다.

치킨 프랜차이즈에서는 종이로 된 쿠폰을 치킨 주문 때마다 주는 쿠폰 마케팅이 20년쯤 전부터 있었다. 집집마다 여러 브랜드의 명함 크기만 한 쿠폰이 있던 것을 기억할 거다. 나는 마케팅 일을 할 때 대부분 10번 주문하면 1마리 공짜라고 되어 있던 쿠폰에 살짝 변화를 준 경험이 있다. 3번 방문하면 서비스, 5번 방문하면 또 다른 사이드 메뉴 무료라는 이벤트를 중간에 넣은 것이다. 10번이 너무 길게 느껴졌던 손님들은 쿠폰을 다 채우려고 계속 찾았다. 작은 차이가 결국 매출을 결정한다.

배달은 한 번 주문하면 끝일 확률이 높지만, 테이크아웃은 매장에 직접 와서 경험하는 과정이 있으니, 손님이 익숙해지면 계속 찾을 확률이 더 높다. 가격을 깎아주는 게 아니라, 핵심은 손님이 '뭔가 더 받는 기분'이 들게 만드는 것이다. 테이크아웃 고객을 그냥 스쳐 지나가는 손님으로 만들지 말자. '여기서 계속 사야 할 이유'를 만들면 손님은 자연스럽게 다시 찾아온다. 쿠폰 하나, 작은 멤버십 혜택, 사장의 재방문 유도 전략이 결국 손님을 단골로 만들고, 브랜드 충성도를 높이는 핵심이 된다. 한 번 왔던 손님이 또 오면 그게 진짜 장사다. '이번에 커피 한 잔 서비스네? 다음에도 여기 와야지'라는 생각이 들게 만드는 게 테이크아웃 장사의 핵심이다.

테이크아웃 고객을 사로잡는 3초 마케팅

테이크아웃 손님은 매장에 오래 머물지 않는다. 그 짧은 순간에 브랜드를 각인시켜야 한다. 손님이 테이크아웃 음식을 들고 나가는 순간부터, 다시 방문할지 말지가 결정된다. 이때 일관된 서비스, 감성적인 포장, 브랜드 메시지를 확실하게 전달하면 손님은 브랜드를 경험한 것이 된다.

지금은 인쇄물로도 나오고 흔히 볼 수 있지만, 나는 10여 년 전부터 배달 주문 시 작은 손글씨 메시지를 함께 동봉하는 전략을 활용했다. 가맹점주가 직접 쓴 '오늘도 맛있게 드시고 좋은 하루 보내세요!', '고객님께 작은 선물을 드립니다' 같은 따뜻한 문구와 함께 간단한 할인 쿠폰을 제공했다. 이 작은 변화는 고객들에게 특별한 감동을 주었고, 소비자들은 이를 인증하며 자연스럽게 SNS에서 브랜드를 홍보했다. 손글씨 메시지는 단순한 서비스가 아니라, 브랜드의 정체성과 고객을 향한 배려를 보여주는 강력한 마케팅 도구로 작용했다.

감성 포장은 배달과 테이크아웃 브랜드의 필수 요소다. 〈던킨도넛〉은 '브랜드를 들고 다니는 경험'을 제공한다. 커피를 담은 던캔은 깔끔한 로고와 던킨의 타이포 글씨와 색감을 일관되게 유지하면서 브랜드 아이덴티티를 확실히 전달했고 캔이 너무 예뻐서 배달을 시키고 인증샷을 올리는 고객들도 많다. 손님이 들고 갈 때 누가 봐도 〈던킨도넛〉을 알도록 만든다. 테이크아웃 패키지는 음식을 담는 용기 그 이상으로 브랜드를 보여주는 광고판이다.

일관된 서비스도 중요하다. 테이크아웃 고객은 매장에 머무르는 시간이 짧기에, 서비스의 첫인상이 브랜드의 전부가 된다. 테이크아웃 할 때마다 직원이 '오늘도 찾아주셔서 감사합니다!'라고 한마디 해주는 것만으로도 브랜드 경험이 달라진다. 한 유명 베이커리 브랜드에서는 테이크아웃 고객들에게 작은 메시지가 적힌 메모를 함께 넣어준다. '오늘도 달콤한 하루 되세요!' 같은 간단한 문구지만, 손님들은 '여기 세심하게 신경 써주네'라고 느끼면서 자연스럽게 브랜드에 대한 호감도가 높아진다.

매장에 머물 시간이 짧은 테이크아웃 고객일수록 포장, 메시지, 서비스가 기억에 남아야 한다. 한 번 테이크아웃을 이용한 손님이 다시 오게 할 확률을 높이려면, 브랜드 경험을 한 곳으로 인식하게 만들어야 한다. 테이크아웃은 손님이 매장을 떠난 후에도 브랜드를 기억하게 만드는 과정이다. 포장이 브랜드를 말해주고, 서비스가 신뢰를 쌓으며, 작은 메시지가 감성을 더한다. 테이크아웃 고객이 브랜드를 들고 나가는 순간이 곧 마케팅이다. 테이크아웃을 단순한 판매가 아니라, 손님이 다시 찾고 싶게 만드는 과정으로 생각해야 한다. 일관된 서비스, 감성적인 포장, 그리고 손님을 위한 작은 메시지 하나가 테이크아웃을 브랜드로 만든다.

💡 가슴에 새겨야 할 장사의 원칙

- 단 1분의 접점도 브랜딩이 될 수 있다.
- 테이크아웃은 작지만 강한 브랜드 접촉점이다.

6장

장사에도 위기 매뉴얼이 필요하다

6장

6-1 손님이 줄어들면 반드시 점검해야 할 3가지

손님이 줄었다면, 가게 안을 먼저 들여다보라

손님이 줄어들면 가장 먼저 '경기가 안 좋아서 그런가?', '요즘 사람들이 밖에서 밥을 덜 사 먹나'라는 생각이 들기 마련이다. 물론 외부 환경이 영향을 미칠 수도 있지만, 매출이 떨어지는 진짜 원인은 가게 안에 있는 경우가 많다. 장사가 잘될 때는 미처 신경 쓰지 못했던 메뉴, 서비스, 분위기가 시간이 지나면서 조금씩 흐트러지는 것이다. 손님이 줄어들기 시작했다면, 가장 먼저 이 3가지를 점검해야 한다.

서울에서 감자탕집을 운영하는 김 사장님 가게도 처음에는 손님이 많았다. 오픈 초반엔 줄 서서 기다릴 정도였고, 단골도 꾸준히 늘었다. 그런데 1년이 지나면서 조금씩 빈자리가 보이기 시작했다. 처음엔 대수롭지 않게 여겼지만, 나중엔 주말 저녁에도 자리가 남기 시작했다. '이제 유행이 지난 걸까?', '경쟁 가게가 많아져서 그런가?'라고 고민하던 그는 단골손님들에게 조심스럽게 물어봤다. "요즘 좀 바빠서 자주 못 오셨죠?"라는 질문에 돌아온 답변은 예상 밖이었다. "예전보다 맛이 좀 달라진 것 같아요.", "직원들이 예전처럼 활기차지 않은 느낌이에요."

가게 내부를 돌아보니 원인이 보이기 시작했다. 처음엔 엄선해서 사용하던 재료를 조금 더 저렴한 걸로 바꾸었고, 주방장이 바뀌면서 레시피가 미묘하게 달라졌다. 직원들도 손님이 줄어드니 자연스럽게 긴장감이 풀리고 서비스 태도가 느슨해졌다. 손님이 떠날 만한 이유가 가게 안에 충분히 있었다. 김 사장님은 바로 조치에 들어갔다. 인기 메뉴 레시피를 다시 원래대로 맞추고, 직원에게 서비스 교육을 진행했다. 손님이 많을 때보다, 적을 때 우리가 더 밝게 인사해야 한다는 원칙을 세우고 분위기를 다시 끌어 올렸다. 그러자 신기하게도 한 달 뒤부터 손님들이 다시 늘기 시작했다.

장사를 하다 보면 가게 운영에 바빠서 작은 변화를 놓치기 쉽다. 하지만 손님들은 미묘한 차이를 금방 알아챈다. 음식 맛이 예전과 다르면, 단골은 자연스럽게 발길을 돌린다. 처음엔 '이 집의 맛이 왜 이렇지?'라고 생각하다가 두세 번 반복되면 자연스럽게 다른 곳을 찾게 된다. 손님이 줄었다면, 가장 먼저 메뉴 맛과 품질이 변하지 않았는지 점검해야 한다. 서비스도 마찬가지다. 장사가 잘될 때는 직원들도 활기차고 친절하지만, 손님이 줄어들면 사장님도, 직원도 자연스럽게 기운이 빠진다. 이런 분위기는 손님에게 그대로 전달된다. 가게에 들어왔는데 직원들이 무뚝뚝하거나 어수

선하면, 굳이 다시 오고 싶지 않다. 손님이 줄어들수록 더 밝고 친절한 서비스가 필요하다.

가게 분위기도 중요한 요소다. 처음엔 활기차고 따뜻했던 공간이 시간이 지나면서 점점 칙칙해지는 경우가 많다. 조명이 너무 어둡거나, 음악이 없어서 가게가 조용한 것도 문제다. 사람이 많을 때는 자연스럽게 북적이는 느낌이 나지만, 손님이 적을 땐 공간이 텅 빈 느낌이 들 수 있다. 이럴 때는 조명을 조금 밝게 조절하거나, 음악 볼륨을 조금 키우는 것만으로도 분위기가 달라질 수 있다.

손님이 줄어들면 무조건 바깥에서 이유를 찾으려 하지 말고, 먼저 가게 내부를 점검해 보자. 메뉴, 서비스, 분위기 이 3가지만 다시 살펴봐도 해결책이 보인다. 장사는 결국 손님이 다시 찾게 만드는 과정의 연속이다. 매출이 떨어졌다면, 고객을 탓하기 전에 가게를 먼저 돌아보는 이 작은 점검이 위기를 기회로 바꾸는 첫걸음이 된다.

손님이 줄어든 이유, 데이터가 알려준다

손님이 줄어들기 시작하면 사장들은 막연한 불안감을 느낀다. '경기가 안 좋아서 그런가?', '요즘 배달만 시켜 먹고 밖에서 안 먹나?' 이런저런 이유를 떠올리지만, 정확한 원인을 찾지 못하면 매출 하락은 계속될 수밖에 없다. 손님이 줄어든다면, 숫자로 원인을 분석하고, 고객 피드백을 들고, 경쟁 환경을 살펴봐야 한다.

서울에서 작은 파스타집을 운영하는 정 사장님도 비슷한 고민을 했다. 오픈 초반에는 인스타그램에서 핫한 맛집으로 입소문이 나면서 웨이팅까지 생겼다. 그런데 어느 순간부터 손님이 눈에 띄게 줄어들었다. 처음엔 '유행이 지나서 그런가?'라고 생각했지만, 정확한 이유를 모르니 해결책을 찾기도 어려웠다. 그는 우선 데이터를 분석해 보기로 했다. POS 시스템에서 지난 6개월간의 매출 데이터를 확인해 보니, 매출 하락이 특정 시간대에서 더 두드러졌다. 특히 평일 저녁 매출이 감소했고, 재방문율도 떨어졌다.

처음에는 단순한 시즌 영향인가 싶었지만, 배달 앱 데이터를 함께 살펴보니, 같은 상권에서 새롭게 뜨는 레스토랑이 몇 군데 있었다. 고객 피드백도 점검했다. 최근 한 달 동안 네이버 리뷰와 배달앱 리뷰를 다시 훑어보니, 생각보다 신경 쓰지 못했던 피드백이 많았다. '예전보다 소스가 묽어진 것 같아요', '직원 응대가 좀 딱딱해요'라는 식의 평가가 계속 눈에 띄었다. 손님들은 작은 변화에도 민감하다. 메뉴 맛이 조금이라도 달라지면 '아, 예전 같지 않네'라고 느끼고, 서비스가 어색하면 굳이 다시 찾고 싶은 마음이 들지 않는다.

마지막으로 경쟁 환경을 체크했다. 정 사장님은 직접 주변 레스토랑을 둘러보면서 사람들이 몰리는 곳을 살펴봤다. 놀랍게도 몇 블록 떨어진 곳에 분위기 좋은 이탈리안 비스트로가 생겼고, SNS에서 '데이트 맛집'

으로 입소문이 나고 있었다. 손님들이 새로운 선택지를 찾으면서 자연스럽게 매출이 줄어든 것이었다. 이 모든 원인을 파악한 후 바로 대응책을 마련했다.

첫째, 고객 피드백을 반영해 레시피를 조정하고 서비스 교육을 다시 진행했다. 둘째, SNS 홍보를 강화해 기존 단골이 다시 올 수 있도록 마케팅을 조정했다. 셋째, 경쟁 매장과 차별화할 수 있도록 '셰프 테이블 코스 메뉴'를 도입해 프리미엄 고객을 공략했다. 변화가 시작된 지 한 달 만에 손님이 다시 늘기 시작했고, 매출도 서서히 회복되었다.

장사에서는 감이 아니라 데이터를 기반으로 문제를 해결해야 한다. 매출 데이터, 고객 피드백, 경쟁 환경을 점검하면, 손님이 줄어든 이유가 보인다. 이유를 정확히 알면 해결책도 찾을 수 있다. 손님이 줄어들기 시작했다면 감으로 고민하기보다 숫자와 고객의 목소리를 확인하자. 답은 항상 고객에게 있다.

장사가 주춤할 때, 가장 먼저 바꿔야 할 3가지

장사하다 보면 잘나가던 가게도 어느 순간 매출이 주춤할 때가 온다. 처음에는 '잠깐 그런 거겠지.' 하다가 점점 손님이 줄고, 매출이 떨어지면 불안감이 커진다. 사장님들 대부분이 이때 고민한다. 가격을 내려야 하나? 이벤트라도 해야 하나? 하지만 단순한 할인이나 단기적인 프로모션으로는 근본적인 문제를 해결할 수 없다. 위기일수록 중요한 것은 변화, 혁신, 그리고 개선이다.

많은 사장님이 비슷한 경험을 했을 것이다. 한때 SNS에서 핫한 맛집으로 소문나 줄을 서서 먹는 집이었지만, 몇 년이 지나면서 손님이 줄기 시작한다. 처음에는 외부 환경 탓을 하며 경기가 좋아지기만을 기다리는 사장님이 있고, 그 와중에서도 북적이는 동네 가게를 보면서 본인 매장의 운영 방식을 완전히 처음부터 점검해 보는 사장님도 있다.

먼저 메뉴부터 다시 보자. 트렌드는 계속 변하는데, 본인 가게의 메뉴는 몇 년째 그대로인 경우가 많을 것이다. 기존 인기 메뉴를 유지하되, 가장 잘 팔리지 않는 메뉴를 빼고, 트렌드에 맞는 새로운 메뉴를 추가해야 한다. 단골들에게 시식 이벤트를 진행하며 반응을 살피고, 가장 인기가 많았던 신메뉴를 정식으로 도입하는 등의 변화가 필요하다. 다음으로 고객 경험을 개선해야 한다. 오랫동안 같은 인테리어와 분위기를 유지하다 보면 손님들에게 신선함을 주지 못한다. 큰 공사를 할 수는 없지만, 조명과 테이블 배치를 바꾸고, 음악을 새롭게 선정하는 것만으로도 분위기가 완전히 달라진다. 작은 변화였지만, 손님들의 반응은 긍정적일 것이다.

마지막으로 마케팅 방식도 혁신해야 한다. 마케팅도 트렌드가 빠르게 변한다. 페이스북, 인스타그램, 유튜브 등 예전에는 SNS 광고를 하지 않아도 자연스럽게 손님이 몰렸지만, 이제는 적극적으로 홍보해야 한다.

인스타그램을 활용해 셰프의 요리 과정과 새로운 메뉴 개발 과정을 콘텐츠로 차별화되게 제작하고 고객들과 적극적으로 소통하고 알려야 한다. 늘 고객들의 관심을 어떻게 끌지를 우리 매장을 어떻게 노출해야 할지를 고민하고 변화해야 한다.

위기가 찾아올 때 가장 위험한 것은 아무것도 하지 않는 것이다. 장사는 한 번 잘된다고 영원히 유지되지 않는다. 트렌드는 변하고, 고객의 기대치는 높아진다. 매출이 떨어질 때는 무조건 위축되는 것이 아니라, 무엇을 바꿔야 할지 고민하는 기회로 삼아야 한다. 손님이 줄어들었다면, 메뉴를 개선할 것인가? 서비스 방식에 변화를 줄 것인가? 아니면 가게 분위기를 새롭게 바꿀 것인가? 위기를 맞았을 때 빠르게 대응하는 사장님과 그렇지 않은 사장님의 차이는 시간이 지나면서 매출로 드러난다. 장사는 결국 변화하는 자가 살아남는다.

 가슴에 새겨야 할 장사의 원칙

- 손님이 줄어든 건 '신호'다.
- 외부 탓하기 전에, 가게부터 냉정하게 점검하라.

6장

6-2 클레임은 위기가 아니라 기회다

불만 고객이 다시 찾아오게 만드는 응대의 기술

손님이 불만을 이야기할 때, 사장님들은 두 가지 반응을 보인다. 하나는 당황해서 변명하거나 방어하는 것, 다른 하나는 무조건 사과하고 넘어가는 것. 하지만 어느 쪽이든 고객을 단골로 만들기엔 부족하다. 불만을 말하는 고객은 가게에 대한 기대가 있기 때문에 불만을 표출하는 것이다. 진짜 문제는 아무 말 없이 다시는 방문하지 않는 고객들이다. 그렇다면 불만을 가진 고객을 단골로 만들려면 어떻게 해야 할까? 답은 간단하다. 경청, 사과, 신속한 해결이다.

쌀국수 매장을 운영하는 최 사장님은 오픈 초기부터 맛과 서비스에 자신이 있었다. 그런데 어느 날 한 손님이 계산대에서 불만을 터뜨렸다. '이거 면이 너무 익었어요. 원래 이렇게 나오는 거예요?' 순간 당황해서

"보통 이런 식으로 조리하는데요?"라고 답했다. 그러자 손님은 표정을 굳히고 다시 오지 않았다. 그 후 비슷한 불만이 몇 번 더 나왔고 그제야 태도를 바꾸기로 했다. 이후 같은 상황이 벌어지자, 그는 즉시 이렇게 말했다. "아, 그러셨군요. 손님 입맛에 맞지 않으셨다면 죄송합니다. 다음번엔 원하시는 식감으로 조리해 드릴 수 있어요" 그리고 불만을 이야기한 손님에게 디저트를 서비스로 제공하며 다시 방문해 주길 부탁했다. 그 손님은 며칠 후 친구를 데리고 다시 찾아왔다.

핵심은 고객의 불만을 있는 그대로 듣고, 방어하지 않는 것이다. 손님은 사장이 자기 말을 들어주고 있다는 걸 느껴야 감정이 누그러진다. "저희가 원래 이렇게 합니다"라고 말하는 순간, 손님은 '내가 잘못된 건가?'가 아니라 '여기 다시 올 필요 없겠네'라고 생각하게 된다. 불만을 들었다면, 다음 단계는 진심 어린 사과다. 하지만 사과할 때 주의할 점이 있다. "죄송합니다. 앞으로 더 신경 쓰겠습니다" 이 정도로는 부족하다. 손님은 단순한 형식적인 사과보다, 본인의 불편함을 정확히 이해하고 있다는 느낌을 받고 싶어 한다. "죄송합니다" 다음에는 "매우 불편하셨을 것 같아요. 제가 바로 해결해 드릴게요"와 같은 말이 따라와야 한다. 그리고 마지막이 가장 중요하다. 신속한 해결이다.

내가 자주 가는 카페에서 있었던 일이다. 그날따라 커피가 너무 식어 있어 미지근한 상태였다. 나는 "커피가 왜 이렇게 식었나요?"라며 불만을 표시했다. 그러자, 직원이 "다음번엔 더 따뜻하게 만들어 드릴게요"라고 말하는 대신, 즉시 새로운 커피를 만들어 주면서 "제가 실수로 예열이 안 된 잔에 드렸네요. 정말 죄송합니다"라며 따뜻한 커피를 다시 만들어 주었다. 손님은 불만이 해결될 거라는 약속보다, 즉각적인 해결과 그 원인에 대해 납득할 수 있게 설명해 주는 것을 원한다. 장사하다 보면 불만을 말하는 손님이 부담스러울 수 있다. 하지만 클레임 고객이 많다는 건, 아직 가게에 기대하고 있다는 뜻이다. 경청하고, 진심으로 사과하고, 바로 해결하면 불만 고객이 단골로 변한다. 고객이 화를 낼 때가 가게를 떠날지를 결정하는 순간이라고 생각하자. 좋은 대응 하나가 평생 단골을 만든다.

불만을 감동으로 : 손님을 다시 오게 만드는 기술

손님이 가게에서 부정적인 경험을 하면 보통 다시 오지 않는다. 하지만 제대로 대응하면 오히려 단골이 될 수도 있다. 손님의 나쁜 경험을 긍정적인 기억으로 바꾸려면, 신속한 피드백, 추가 혜택, 그리고 사후관리가 핵심이다. 고객이 실망하고 돌아선 순간이 아니라, 다시 돌아오게 할 기회로 활용해야 한다.

카페를 운영하는 이 사장님은 어느 날 당황스러운 상황을 맞닥뜨렸다. 평소 단골이었던 한 손님이 커피를 한 모금 마시더니 얼굴을 찌푸리며, "오늘 커피 맛이 이상한데요?"라고 말했다. 바쁜 시간이라 직원이 "원래 이런 원두예요"라고 대충 응대했는데, 손님은 더 이상 아무 말도 하지 않고 조용히 나갔다. 이후 그 손님은 한동안 오지 않았다. 며칠 뒤, 사장님은 그 손님이 남겼던 리뷰를 발견했다. '여기 커피 좋아했는데, 최근 맛이 달라진 것 같아요. 직원도 별로 신경을 안 써서 아쉽네요.' 그제야 문제의 심각성을 깨달은 그는 즉시 손님에게 DM을 보냈다. '지난번 방문하셨을 때 만족스럽지 않으셨던 것 같아요. 저희가 원두를 점검했더니 로스팅 과정에서 약간의 차이가 있었습니다. 사과드리고 싶어요. 다음 방문 때 음료 한 잔 무료로 제공해 드리고 싶습니다.' 몇 시간 뒤 손님에게서 답이 왔다. '직접 연락해 주셔서 감사합니다. 다시 한번 가볼게요.'

손님은 며칠 후 친구를 데리고 찾아왔고, 이후로도 꾸준히 방문하는 단골이 되었다. 손님의 부정적인 경험을 그대로 두면 그 사람은 가게를 떠나버린다. 하지만 신속한 피드백으로 손님의 불만을 인정하고, 개선하려는 모습을 보이면 신뢰가 생긴다. 손님이 불편했던 점을 진심으로 경청하고, 이 문제를 해결하려고 노력하고 있다는 메시지를 전해야 한다. 추가 혜택도 중요하다. 예를 들어, 음식이 늦게 나와 불만을 가진 손님에게는 디저트 한 접시를 서비스로 제공할 수도 있고, 배달 실수로 고객이 불편을 겪었다면 다음 주문 시 할인 쿠폰을 제공할 수도 있다. 작은 혜택이지만, 손님은 '이 가게가 내 불편을 해결하려고 노력하는구나'라는 긍정적인 인상을 받는다.

하지만 여기서 끝이 아니다. 사후관리가 제대로 이루어져야 한다. 손님이 다시 방문했을 때, "지난번 불편하셨던 점은 괜찮으셨나요?"라고 한 마디만 건네도 신뢰는 배가 된다. 이 한마디가 손님에게 '이곳은 내 의견을 중요하게 생각하는구나'라는 느낌을 주고, 자연스럽게 단골이 되게 만든다. 특히나 지역에서 살아남기 위해서는 이런 사후관리는 필수이다. 장사는 완벽할 수 없다. 실수는 언제든 생길 수 있다. 그 실수를 어떻게 수습하느냐에 따라 손님을 잃을 수도 있고, 충성 고객을 만들 수도 있다. 결국 중요한 건 손님의 나쁜 경험을 어떻게 긍정적인 기억으로 바꾸느냐다. 빠른 피드백, 추가 혜택, 그리고 사후관리가 잘 이루어진다면, 한 번의 실수도 오히려 단골을 만드는 기회가 된다.

장사를 처음 시작하는 사장님들에게 가장 어려운 질문 중 하나는 '고객이 왜 다시 올까?'라는 것이다. 많은 초보 사장님들은 메뉴의 맛이나 가격, 이벤트에 집중한다. 물론 그것들도 중요하지만, 진짜 고객을 단골로 만드는 데는 조금 다른 비밀이 있다. 바로 '사장의 태도'다.

권정훈 대표는 『처음 하는 장사 공부』에서 연남동의 한 작은 돈가스집 사례를 소개한다. 이 집은 가게가 번듯하지도, 광고를 대대적으로 하지도 않았다. 그럼에도 점심시간마다 줄이 길게 늘어섰다. 이유는 간단했다. 이 가게는 손님에게 음식을 건넬 때마다 정성스럽게 손편지를 함께 내주었다. '오늘 하루도 고생 많으셨어요.', '다음에도 꼭 와주세요. 기억하고 있겠습니다.' 단 몇 줄에 불과한 메모였지만, 이 작은 성의가 손님의 마음을 움직였다.

어느 날 한 손님이 이 손 편지를 자신의 인스타그램에 올렸다. '요즘 같은 세상에 이런 정성이?' 수백 개의 '좋아요'가 달리고, 댓글이 이어졌다. '어디야?', '나도 가보고 싶다' 그렇게 아무 마케팅도 하지 않았던 이 가게는 자연스럽게 입소문을 타고 지역의 명소가 되었다. 권 대표는 말한다. "장사는 결국 사람이 하는 일이에요. 손님은 맛 때문에 오지만, 사람 때문에 남아요."

이 손편지는 단순한 마케팅 수단이 아니었다. 사장님은 실제로 손님 한 명 한 명을 기억하려 애썼다. 이름을 물어보고, 지난번엔 어떤 메뉴를 드셨는지 메모해 두고, 다음 방문 시 그 이야기를 꺼냈다. "지난번에 등심 드셨죠? 이번엔 안심 한번 드셔보세요. 더 부드러워요." 고객은 자신이 '기억되고 있다'는 사실에 감동했고, 자연스레 단골이 되었다.

권정훈 대표는 유튜브 영상에서 이렇게 강조한다. "장사는 사장의 '온도'가 느껴지는 가게가 살아남아요. 아무리 배달이 발달하고 기술이 좋아져도, 결국 사람은 따뜻한 곳을 원합니다." 실제로 그는 강의에서 "고객은 서비스가 좋아서 오는 게 아니라, 내 마음이 편해서 오는 거다"라는 말을 반복한다.

고객이 단골이 되는 이유는 절대 복잡하지 않다. 진심, 일관성, 작은 배려. 이 세 가지가 쌓일 때, 단골은 만들어진다. 그 어떤 이벤트보다 강력한 마케팅은 고객이 그 가게를 떠올릴 때 마음이 따뜻해지는 경험이다. 장사는 결국, 고객의 마음에 남는 '한 마디'를 만드는 일이다.

클레임이 기회다: 단골을 만드는 사장의 한마디

클레임을 어떻게 처리하느냐에 따라, 가게의 운명이 달라질 수도 있다. 고객의 불만을 단순히 '귀찮은 클레임'으로 넘기면 가게의 신뢰도는 점점 떨어지고, 결국 재구매율도 낮아진다. 하지만 반대로, 클레임을 제대로 대응하면 브랜드 이미지가 좋아지고, 단골로 이어질 가능성이 높아진다.

치킨집에서는 배달 주문에서 실수를 많이 한다. 한 프렌차이즈의 점주는 주문이 많아 바쁜 와중에 실수로 양념 소스를 잘못 넣었다. 고객은 바로 전화를 걸어 불만을 표했다. 당황한 점주님은 처음엔 '다음번 주문 때 더 신경 쓰겠습니다'라고 했지만, 고객의 반응은 싸늘했다. 며칠 후, 그 고객이 배달 앱 리뷰에 '치킨이 잘못 왔는데 제대로 보상도 없고, 다음번 주문을 기대하라고 하네요. 다시는 안 시킵니다.'라고 남겼다. 그제야 문제의 심각성을 깨달은 점주님은 클레임 대응 방식 자체를 바꾸었다.

이후 비슷한 상황이 발생했을 때 그는 이렇게 대응했다. '불편을 끼쳐 죄송합니다. 바로 다시 만들어서 보내드리겠습니다. 그리고 다음 주문 때 사용하실 수 있는 서비스 쿠폰을 보내드릴게요.' 그 결과, 같은 고객이 며칠 뒤 다시 주문했고, 리뷰를 수정하며 이렇게 남겼다. '실수가 있었지만, 사장님이 너무 친절하게 응대해 주셨어요. 보상도 확실히 해줘서 오히려 신뢰가 갔어요. 단골이 될 것 같습니다.' 클레임 대응이 중요한 이유는 단순히 불만을 해결하는 게 아니라, 고객이 '이 가게는 믿을 수 있는 곳'이라고 느끼게 만드는 과정이기 때문이다. 사람은 실수할 수 있지만, 그 실수를 어떻게 해결하느냐에 따라 신뢰가 높아질 수도, 완전히 무너질 수도 있다.

프랜차이즈 본사에서 고객 클레임 대응 매뉴얼을 철저히 관리하는 이유가 있다. 매뉴얼을 제대로 가지고 있는 브랜드는 고객이 불만을 제기하면 신속한 사과, 즉각적인 해결, 추가 보상을 원칙으로 한다. 이 방식이야말로 고객이 '이 브랜드는 나를 신경 써주는구나'라고 느끼게 만들고, 자연스럽게 재방문을 유도한다. 손님이 불만을 이야기하는 순간이 곧 브랜드의 이미지를 결정하는 순간이다. 한 번 실수는 할 수 있지만, 이 가게는 문제를 제대로 해결해 준다는 인식이 생기면 단골이 될 가능성이 높다. 반대로 여긴 내 문제를 대충 넘긴다고 생각하는 순간, 손님은 떠난다.

장사는 단순히 음식을 파는 것이 아니라, 고객에게 좋은 경험을 제공하는 것이다. 손님이 클레임을 제기할 때 맞고 틀림을 따지기보다 먼저 감정을 이해하고 풀어주는 것이 중요하다. 손님이 불만을 이야기하는 건 다시 방문하고 싶다는 신호일 수도 있으며, 이때 적절한 대응을 하면 오히려 충성 고객이 될 가능성이 높다. 클레임을 받았을 때 변명하거나 방어하기보다, 공감하고 해결하려는 태도를 보이면 고객은 신뢰를 느낀다. 결국, 장사의 본질은 음식이 아니라 서비스이며, 고객이 가게에서 느끼는 감정이 매출과 재방문을 결정짓는 중요한 요소가 된다고 말했다. 결국 클레임 대응은 단순한 불만 해결이 아니라, 브랜드 신뢰를 구축하고 고객의 재구매율을 높이는 핵심 전략이다. 손님이 불만을 이야기하는 순간, 가게의 이미지를 결정할 기회가 온 것이다. 이 기회를 살리는 사장님이 결국 오래 살아남는다.

 가슴에 새겨야 할 장사의 원칙

- 클레임은 가게를 떠나는 이유가 아니라, 다시 오게 만드는 계기다.
- 진심이 통하면 실수도 브랜드가 된다.

6장

6-3 장사가 잘될 때 더 조심해야 하는 이유

방심은 금물! 장사가 잘될 때 반드시 점검해야 할 3가지

장사가 잘될 때 사장들이 가장 방심하기 쉽다. '이제 자리 잡았구나!', '요즘 매출 좋으니까 괜찮겠지'라고 생각하는 순간, 가게는 서서히 무너지기 시작한다. 장사는 올라갈 때보다 내려갈 때가 더 빠르다. 성공하는 사장님은 장사가 잘될 때야말로 더 철저히 점검하고 대비해야 한다는 걸 알고 있다. 운영 시스템을 다잡고, 고객 관리를 강화하며, 미래를 위한 재투자를 고민한다. 잘될 때 지키지 않으면, 위기가 왔을 때는 이미 늦다.

서울에서 닭갈비 전문점을 운영하는 이 사장님은 초반부터 공격적으로 장사했다. SNS 홍보를 적극적으로 하고, 매장 분위기를 트렌디하게 바꿨다. 덕분에 젊은 손님이 몰려들었고, 매출도 매달 상승했다. 그런데 1년이 지나면서 이상한 일이 벌어졌다. 웨이팅이 줄고, 저녁 피크타임에도 빈자리가 생겼다. 처음엔 일시적인 현상이라고 생각했지만, 매출은 지속적으로 하락했다.

문제를 찾기 위해 그는 고객 리뷰를 꼼꼼히 분석했다. '예전보다 닭이 퍽퍽해졌어요.', '처음엔 분위기가 좋았는데, 요즘은 좀 정리가 안 된 느낌이에요.' 작은 변화들이 쌓여 고객 경험이 달라지고 있었다. 매출이 좋을 때 원가 절감을 위해 고기를 바꾸고, 직원 관리가 소홀해지면서 서비스가 느슨해진 것이 결정적 이유였다. 장사가 잘될 때 미리 점검하고 개선했더라면, 고객 이탈을 막을 수 있었을 것이다.

운영 시스템을 탄탄하게 만드는 것은 매출이 떨어지고 나서 할 일이 아니다. 손님이 많을 때 직원들이 효율적으로 움직이는지, 서비스 품질이 일정하게 유지되는지, 음식 퀄리티가 변하지 않는지 꾸준히 체크해야 한다. 가게는 바쁠 때 무너지는 것이 아니라, 바쁠 때 제대로 점검하지 않아서 나중에 한꺼번에 무너진다. 또한, 고객 관리를 철저히 해야 한다. 장사가 잘될 때는 자연스럽게 손님이 오지만, 경쟁 가게가 생기면 상황은 달라진다. 새로운 손님이 단골이 되도록 만들지 못하면, 지금의 매출 상승은 오래가지 않는다. 성공하는 사장들은 매출이 좋을 때 고객 데이터베이스를 구축하고, 단골 혜택을 마련해 충성 고객을 확보한다.

마지막으로, 장사가 잘될 때 돈을 어디에 쓸지 고민해야 한다. 수익이 생길 때 가장 위험한 생각이 '이제 좀 써도 되겠지'라는 마음이다. 자동차도 바꾸고 명품 옷을 사고 외부 활동을 많이 하며 돈을 쓴다. 하지만 가게에서 번 돈의 일부는 반드시 가게의 미래를 위해 어떤 부분에 재투자할지 전략적으로 판단해야 한다. 새로운 메뉴 개발, 인테리어 개선, 광고비 투자 등 매출이 떨어졌을 때 할 수 없는 일들을 미리 준비해 두는 것이 중요하다.

장사는 잘될 때 더 신중해야 한다. 지금의 성공이 계속될 거라 믿는 순간, 실패가 시작된다. 운영 시스템을 다잡고, 고객과의 관계를 강화하며, 미래를 대비하는 것. 이 3가지를 제대로 하면, 가게는 한 번 오른 매출을 쉽게 놓치지 않는다. 장사가 잘될 때 대비하는 사장이 오래가는 사장이 된다.

경기도 용인의 외진 마을 고기리. 이곳에 위치한 〈고기리 막국수〉는 특별한 입지나 화려한 인테리어 없이도 하루 1,000그릇의 막국수를 판매하며 연 매출 30억 원을 달성한 식당이다. 그러나 이 성공 뒤에는 수많은 시행착오와 위기 극복의 과정이 있었다. 김윤정 대표는 『작은 가게에서 진심을 배우다』에서 손님이 줄어들 때 반드시 점검해야 할 세 가지를 강조한다.

첫째 손님의 목소리를 듣고 있는가?
김 대표는 "제일 무서운 손님은 아무 말도 하지 않고 가서 다시는 오지 않는 사람"이라고 말한다. 실제로 불만을 가진 손님의 80%는 아무 의견 전달 없이 다시는 가게를 찾지 않는다. 〈고기리 막국수〉는 손님들의 리뷰와 피드백을 꼼꼼히 살펴보며, 메뉴의 맛, 식당 동선, 주변 환경 등에 대한 개선점을 찾아냈다. 이러한 노력을 통해 손님들의 만족도를 높이고 재방문율을 증가시켰다.

둘째 메뉴는 고객의 니즈를 반영하고 있는가?
〈고기리 막국수〉의 시그니처 메뉴인 '들기름 막국수'는 고객의 피드백을 통해 탄생했다. 김 대표 부부는 매일 막국수를 조금씩 변형해 가며 다양한 시도를 했고, 그중 한 손님이 우연히 먹고 감탄한 메뉴를 정식으로 채택했다. 또한, 전국의 막국수 맛집을 직접 찾아다니며 맛을 비교하고 연구했다. 이러한 끊임없는 노력은 고객의 입맛을 사로잡는 메뉴 개발로 이어졌다고 한다.

셋째 공간은 손님에게 어떤 경험을 제공하는가?
〈고기리 막국수〉는 단순히 음식을 제공하는 공간이 아닌, 손님들이 편히 쉬어갈 수 있는 장소로 만들기 위해 노력했다. 식탁의 개수를 늘리기보다는 오랜 시간 기다리는 손님들을 위해 마당과 툇마루 같은 휴식 공간을 마련했다. 이러한 세심한 배려는 손님들에게 특별한 경험을 제공하며, 가게에 대한 긍정적인 인식을 심어주었다.

김윤정 대표는 '장사는 결국 사람이 하는 일'이라고 강조한다. 손님의 목소리에 귀 기울이고, 고객의 니즈를 반영한 메뉴를 개발하며, 특별한 공간 경험을 제공하는 것이 손님을 다시 오게 만드는 비결이다. 이러한 진심 어린 노력은 〈고기리 막국수〉를 단순한 식당이 아닌, 고객과의 깊은 신뢰를 바탕으로 한 브랜드로 성장시켰다. 장사가 잘될 때 또 매출이 줄 때 늘 손님의 목소리에 귀 기울이고, 고객의 니즈를 반영하며, 특별한 경험을 제공하는 것이 위기를 기회로 바꾸는 열쇠다.

성공이 독이 되는 순간: 장사가 잘될 때 더 무서운 이유

장사가 잘될수록 서비스, 품질, 내부 운영을 철저하게 관리해야 한다. 사장님은 매출이 오르면 방심하고, 결국 고객 이탈과 매출 하락을 경험하게 된다. 손님은 변화를 빠르게 감지한다. 처음 방문했을 때 감동했던 서비스가 예전 같지 않거나, 음식 맛이 미묘하게 달라지거나, 직원들의 태도가 느슨해지는 순간, 고객은 더 이상 그 가게를 특별하게 생각하지 않는다.

나는 이런 사례를 수없이 봤고, 직접 컨설팅한 가게 중에서도 '성공이 독이 된' 경우가 있었다. 부산의 김밥집 사장님 이야기이다. 이분은 부산에서 유명한 김밥으로 오픈 직후 SNS에서 폭발적인 인기를 끌었고, 사람들이 줄을 서서 먹는 '핫플'로 인기가 많았다. 그 후 사장님은 '우리 가게는 이제 자리 잡았네'라고 생각하며 서울에 2호점을 내고 프랜차이즈 사업을 준비했다. 그때만 해도 자신감이 넘쳤는데 서울에 와 있는 동안 부산 매장은 3개월도 안 되어서 손님들이 점점 줄기 시작했다.

문제는 내부 운영이 느슨해진 것이었다. 초반에는 사장님이 직접 품질을 체크하고, 직원 교육도 꼼꼼하게 했지만, 장사가 잘되자 '이제는 시스템이 자리 잡았으니, 알아서 돌아갈 거야'라고 생각하며 점검을 소홀히 했다. 직원들은 사장님이 자리에 없으니 태도가 느슨해졌고, 그에 따른 고객 불만도 늘어났다. '김밥이 예전만 못해요.', '직원들이 불친절해졌어요'라는 리뷰가 올라오기 시작했다. 사장님은 '그 정도야 어디든 있는 일'이라며 처음에는 대수롭지 않게 넘겼지만, 결국 단골이 점점 줄어들었고, 매출도 반토막이 났다. 서울과 부산을 오가는 동안 많은 돈을 손해 보았다.

또 다른 사례가 있다. 한 감성 카페는 인스타그램에서 입소문을 타면서 젊은 고객층의 핫플레이스로 떠올랐다. 주말이면 줄을 서야 할 정도로 손님이 많았고, 사장님도 자신감을 얻어 두 번째 매장을 준비하고 있었다. 문제는 '지금 장사가 잘되니 이 정도 운영 방식이면 충분하다'라는 생각이었다. 카페가 유명해질수록 직원들의 피로도가 높아졌고, 고객 서비스에도 변화가 생겼다. 처음에는 '천천히 즐기다 가세요'라고 했던 직원들이 이제는 '다음 손님이 기다리고 있어요'라며 재촉하기 시작했다.

음료 품질도 점점 들쑥날쑥해졌고, 손님들의 불만이 생기기 시작했다. '분위기는 좋은데, 서비스가 아쉽다', '예전만 못하다'라는 리뷰가 늘어갔다. 사장님은 바쁜 운영에 정신이 없었고, 직원들의 문제를 제대로 인지하지 못했다. 나는 컨설팅을 하면서 늘 손님들의 리뷰를 먼저 분석하라고 한다. 사실 고객 리뷰를 보면 그 매장의 상황을 알 수 있다.

반대로 장사가 잘될수록 더 철저하게 운영을 관리하는 사장님들도 있다. 한 라멘집 사장님은 초반에 SNS를 통해 빠르게 인기를 얻었지만, '우리가 잘되는 이유를 냉정하게 분석해 봐야 한다.'라며 매출이 상승하는 동안에도 품질과 서비스를 더욱 철저히 관리했다. 직원 교육을 주기적으로 진행했고, 한 달에 한 번씩 고객 설문을 받아 작은 불만도 놓치지 않았다. 덕분에 꾸준히 단골이 늘어났고, 안정적인 매출을 유지할 수 있었다.

장사가 잘될수록 방심하면 안 된다. 초심을 잃지 않고 꾸준히 서비스와 품질을 관리해야 한다. 고객은 변화를 금방 감지한다. 초반에는 감탄하며 찾던 가게도, 몇 번 실망하면 다시는 방문하지 않는다. 성공에 취하지 말고, 장기적인 생존을 위해 항상 고객 입장에서 생각해야 한다. 성공했을 때가 가장 위험한 순간이다. 지금 내 가게의 운영 상태를 점검해 보자. '처음처럼' 하고 있는가?

잘될수록 더 바꿔야 산다: 변화를 멈춘 가게는 곧 잊힌다

장사가 한창 잘될 때, 대부분의 사장님은 그 순간이 영원할 거라 착각한다. 하지만 시장은 끊임없이 변하고, 고객의 취향도 빠르게 바뀐다. 어제까지 핫한 가게였던 곳이 어느 순간 텅 빈 자리가 늘어나는 것을 수도 없이 봐왔다. 한때 잘나갔다고 방심하면, 손님들은 새로운 선택지를 찾아 떠난다. 지속적인 브랜드 관리, 트렌드 대응, 그리고 변화 준비가 없다면, 성공은 오래가지 않는다.

강남에서 브런치 카페를 운영하는 최 사장님도 한때 '이제는 안정됐다'라는 생각을 했다. 오픈 초반 SNS에서 화제가 되면서 젊은 여성 고객들이 몰려들었고, 주말마다 웨이팅이 길었다. 하지만 2년이 지나자, 분위기가 달라졌다. 새로운 브런치 카페들이 우후죽순 생겨났고, 손님들은 점점 그쪽으로 이동했다. 처음엔 '다들 한때 붐비다가 조용해지는 거지'라고 생각했다. 하지만 매출이 급격히 떨어지고, 단골들조차 오지 않는 걸 보며 위기감을 느꼈다.

그제야 가게를 돌아보니, 문제는 분명했다. 오픈 초기에 잘 나갔던 메뉴를 그대로 유지했지만, 손님들이 원하는 스타일이 변하고 있었다. SNS에서 인기 있는 브런치 카페들을 보니, 플레이팅 스타일도 바뀌었고, 음료 메뉴도 다양해졌다. 하지만 본인 가게는 예전 방식 그대로였다. 고객들은 새로운 경험을 원했지만, 가게는 변화하지 않았다. 그는 즉시 브랜드 리뉴얼에 나섰다. 기존 고객층을 유지하면서도 새로운 손님을 끌어들일 수 있도록 메뉴를 일부 변경했고, SNS 감성을 반영해 인테리어를 조정했다. 또한, 인스타그램 홍보를 다시 강화하며, 고객 리뷰를 적극적으로 반영했다. 변화가 시작된 지 몇 달 만에, 다시 손님이 몰리기 시작했다.

프랜차이즈는 브랜드 관리를 철저하게 한다. 나는 프랜차이즈 본사 직원을 상대로 마케팅 교육을 많이 한다. 그때마다 "브랜드는 가만히 있는 순간부터 쇠퇴합니다. 지속적으로 관리하지 않으면, 고객들은 자연스럽게 더 새롭고, 더 흥미로운 곳을 찾아갑니다. 오랫동안 사랑받는 브랜드들은 주기적으로 변화하고, 고객과 소통하며, 시대에 맞춰 트렌드를 반영합니다"라고 얘기하며 브랜드는 살아 있음을 강조한다.

트렌드를 무조건 따라가야 한다는 뜻은 아니다. 시장과 고객이 원하는 방향을 읽고, 그 흐름에 맞게 변화할 준비를 해야 하는 거다. 한 프랜차이즈 카페 본사는 고객 연령층이 변하면서 음료 스타일을 바꿨고, 결과적으로 20대 고객 비율이 다시 증가했다. 반대로, 기존 메뉴만을 고집하던 경쟁 브랜드는 점점 고객층을 잃고 쇠퇴했다. 성공한 가게들은 공통점이 있다. 그들은 손님이 많을 때도 긴장을 늦추지 않고, 다음 단계를 준비한다. 지금 매출이 안정적이라고 안주하지 않고, 고객이 원하는 것이 무엇인지 끊임없이 고민하고, 브랜드 가치를 유지하기 위해 노력한다. 장사는 한 번 잘된다고 끝이 아니다. 유지하고, 발전시키고, 변화하는 가게만이 오래 살아남는다.

 가슴에 새겨야 할 장사의 원칙

- 장사가 잘될 때가 가장 위험한 순간이다.
- 자만은 매출을 먹고, 습관은 품질을 망친다.

6-4 위기 때는 냉정해야 살아남는다

장사가 어려워지면 매출 하락 원인을 먼저 분석하라

어느 날 갑자기 손님이 줄고 매출이 떨어지는 상황을 맞닥뜨릴 때가 있다. 처음에는 일시적인 현상이라 생각하며 대수롭지 않게 넘기지만, 점점 매출이 줄어들면서 불안감이 커진다. 이럴 때 많은 사장님이 광고를 늘리거나, 할인을 진행하는 등의 즉각적인 대응책을 떠올린다. 하지만 근본적인 원인을 파악하지 못하면 아무리 노력해도 효과를 보기 어렵다. 중요한 것은 '왜 매출이 떨어졌는가?'를 정확히 분석하는 것이다.

최근 컨설팅했던 음식점의 오 사장님도 비슷한 문제를 겪었다. 오픈 후 6개월 동안 안정적으로 매출이 오르던 가게였지만, 어느 순간부터 손님이 급격히 줄기 시작했다. 처음에는 계절적 요인이나 일시적인 경기 변동 때문이라 생각하며 크게 신경 쓰지 않았다. 하지만 매출 감소가 지속되자 SNS 광고를 늘리고, 배달앱 프로모션까지 진행했다. 하지만 기대했던 성과는 나오지 않았다. 이후 매출 데이터를 자세히 분석해 보니 문제는 예상과 달랐다. 근처에 새로 오픈한 인기 맛집이 등장하면서 단골손님이 서서히 빠져나가고 있었다. 게다가 식자재 가격이 상승했지만, 메뉴 가격을 그대로 유지하면서 이익률까지 줄어드는 이중고를 겪고 있었다. 원인을 정확히 파악하지 않은 채 단기적인 해결책만 시도했던 것이 오히려 상황을 악화시켰던 셈이다.

반면, 비슷한 시기에 컨설팅했던 치킨집 차 사장님은 매출 하락 조짐이 보이자 곧바로 분석에 나섰다. 먼저 매출 데이터를 확인해 특정 시간대의 매출이 급감하고 있다는 점을 발견했다. 이후 고객 리뷰와 배달앱 평점을 살펴보니 배달 시간이 길어진다는 불만이 많아지고 있었다. 배달 기사 수급이 원활하지 않아 배송이 지연되었고, 그 영향으로 손님들이 자연스럽게 경쟁 업체로 이동하고 있었다. 문제를 명확히 파악한 후, 사장님은 빠르게 대책을 실행했다. 배달 대기 시간을 줄이기 위해 배달 대행업체와의 협력을 강화하고, 매장에서 직접 픽업하는 고객에게는 할인 혜택을 제공하는 전략을 도입했다. 또한, 시스템을 정비하여 조리 시간을 줄이고 배달 시간을 단축할 수 있도록 주방 운영 방식을 개선했다. 이런 대응 덕분에 두 달 만에 매출이 다시 상승했고, 떠났던 단골손님들도 돌아오기 시작했다.

매출이 떨어질 때는 감에 의존하지 말고 철저하게 원인을 분석해야 한다. 먼저 매출 데이터를 살펴 고객 방문 패턴과 시간대별 변화를 체크하고, 고객 리뷰를 통해 서비스 개선이 필요한 부분을 파악해야 한다. 또, 경쟁 매장 증가나 지역 상권의 변화를 살펴보는 그것도 중요하다. 비용 구조도 점검해 원가율이 갑자기 높아지진 않았는지, 불필요한 지출이 있는지도 확인해야 한다.

고객이 떠나는 이유를 분석하는 것도 필수다. 단순히 가격이 비싸서가 아니라 서비스 품질이 떨어졌거나 더 나은 대안을 찾았을 가능성이 크다. 고객 리뷰와 피드백을 꼼꼼히 살펴 개선할 부분을 찾는 것이 중요하다. 매출이 줄어든다고 무조건 광고비를 늘리거나 할인하면 단기적으로 반짝 효과는 있을지 몰라도 장기적으로는 수익성 악화로 이어질 수 있다. 중요한 것은 데이터를 기반으로 문제를 정확히 파악하고, 효과적인 해결책을 찾는 것이다. 매출 하락에는 반드시 원인이 있다. 그 원인을 찾아 전략적으로 대응하면 다시 고객이 돌아오고, 매출도 회복될 수 있다.

감정적으로 가격을 내리거나 무리한 프로모션을 하지 마라

손님이 줄어들거나 매출이 하락할 때 가장 먼저 떠오르는 해결책이 '할인'이다. 가격을 내리거나 1+1 이벤트를 행하면 손님이 다시 올 것 같고, 매출도 단기간에 오를 그것 같은 기대감이 생긴다. 하지만 무리한 프로모션은 오히려 장기적인 수익성에 악영향을 미칠 수 있다. 중요한 것은 감정적인 결정이 아니라, 데이터에 기반한 전략적인 가격 운영이다.

할인을 결정하기 전, 반드시 몇 가지를 고려해야 한다. 먼저 매출 데이터와 고객 패턴을 분석해 가격을 낮춰야 할 이유가 명확한지 살펴야 한다. 또한, 한 번 낮춘 가격은 다시 올리기 어렵다는 점을 기억해야 한다. 할인하면 단기적으로 매출이 오를 수 있지만, 브랜드 가치가 떨어지고 고객들이 정가를 내지 않으려는 부작용이 발생할 수 있다. 또한, 프로모션을 진행할 때는 단순한 할인보다는 가치를 더 하는 방법을 고민해야 한다. 예를 들어, 특정 금액 이상 구매 시 추가 혜택을 제공하거나, 정가를 유지하되 단골손님들에게만 특별한 보상을 주는 방식이 더 효과적이다. 중요한 그것은 고객들이 '이 가게는 가격이 싸서 간다'가 아니라, '여기서는 돈을 내도 아깝지 않다'라는 생각이 들도록 만드는 것이다.

장사는 단순히 가격을 낮추는 경쟁이 아니다. 무리한 할인과 감정적인 가격 조정은 가게 운영을 더 어렵게 만들 수 있다. 매출이 떨어질 때 즉흥적으로 할인하는 대신, 데이터를 기반으로 전략적인 가격 운영과 고객 관리를 고려해야 한다. 지속 가능한 장사를 위해서는 가격이 아닌 '가치'를 높이는 그것이 가장 중요한 전략이다.

위기 대응 매뉴얼을 만들어 위기 때 즉시 실행하라

장사하다 보면 예기치 못한 일이 벌어지는 순간이 온다. 갑자기 손님이 줄고, 예상치 못한 지출이 발생하면 누구라도 당황하기 마련이다. 이런 상황에서 대부분의 사장님은 '이제 어떻게 해야 하지?' 하며 급하게 대응책을 찾는다. 중요한 건 단기적인 해결이 아니라 위기에 흔들리지 않는 시스템을 갖추는 것이다. 미리 대비책을 마련해 두면 불필요한 혼란을 줄이고 신속하게 정상 궤도로 돌아갈 수 있다.

위기 상황에서는 감정적인 대응이 아닌 냉정한 분석이 필요하다. 매출과 비용 구조를 꼼꼼히 점검하고, 어디에서 지출을 줄일 수 있는지 확인하는 것이 가장 먼저다. 운영의 효율성을 높이고, 마케팅을 효과적으로 집중할 방법을 계획해야 한다. 위기는 누구에게나 찾아오지만, 미리 대비한 사장님과 그렇지 않은 사장님의 결과는 완전히 다르게 나타난다.

장사는 위기를 피하는 것이 아니라, 어떻게 관리하고 극복하느냐가 중요하다. 철저한 준비가 되어 있다면 어떤 상황에서도 흔들리지 않고 지속적으로 성장할 수 있다. 미리 위기 대응 매뉴얼을 마련하고, 필요할 때 즉시 실행하는 것이 장사를 오래 유지하는 핵심 전략이다.

가슴에 새겨야 할 장사의 원칙

- 감정이 앞서면 눈이 흐려지고, 냉정해지면 길이 보인다.
- 사장은 위기 속에서도 이성적으로 움직여야 한다.

7장

결국, 장사는 살아남는 것이다

7장

7-1 사장이 꼭 알아야 할 '숫자 경영법'

매출이 높아도 적자 나는 4가지 이유

매출이 꽤 나오는데도 이상하게 통장에 남는 돈이 없다면? 한 달 내내 죽어라 일했는데, 정산해 보면 사장 월급도 안 남는다면? 문제는 생각보다 간단하다. 적자는 그냥 찾아오는 게 아니다. 관리하지 않아서 생기는 것이다. 많은 사장님이 "이번 달 매출이 5천만 원이 넘었어!"라며 좋아하지만, 중요한 건 매출이 아니라 순이익이다. 매출은 커 보이는데 정작 남는 게 없으면, 한 달 내내 일하고도 헛고생한 거다. 문제는 손익 계산을 제대로 안 한다는 데 있다. 통장에 돈이 들어오면 '잘 벌고 있구나'라고 착각하고, 빠져나가는 돈은 대충 막아가며 운영한다. 그러다 보니 적자가 나는지도 모른 채 그냥 하루하루 버티는 거다.

장사를 하면서 절대 놓치면 안 되는 게 손익분기점 BEP$^{Break-Even\ Point}$

이다. 쉽게 말해, 최소한 얼마나 벌어야 적자가 아닌지 계산하는 것이다. 그런데 현실을 보면, 이걸 제대로 계산하는 사장이 별로 없다. 그러니 매출은 나오는데 정작 내 손에 남는 게 없다. 직원을 채용할 때도 감으로 하면 안 된다. '요즘 일손이 부족한 것 같아'라는 느낌으로 직원을 늘리면, 그 순간부터 적자가 시작된다. 직원 한 명당 월급이 300만 원이라면, 최소 1,000만 원 이상의 추가 매출이 필요하다. 그런데 추가 매출 없이 그냥 사람만 늘리면 당연히 적자가 난다. 가게를 운영할 때 가장 먼저 해야 할 건, 현재 직원 수가 매출 대비 적정한지 확인하는 것이다.

큰 매장이 장사가 잘될거로 생각하는 사장도 많다. 오히려 작은 매장이 더 높은 수익을 올리는 경우가 많다. 테이블이 많아도 손님이 조금만 줄면 썰렁해 보인다. 반면, 작은 매장은 꽉 차 보이면서 "여긴 인기 있는 곳이네"라는 착각을 불러일으킨다. 일부러 테이블 수를 줄이고 대기 줄을 만드는 것은 하나의 전략이다. 영업시간을 길게 한다고 매출이 올라가는 것도 아니다. "일단 오래 문 열면 많이 벌겠지"라고 생각하는 건 착각이다. 잘되는 가게들은 매출이 가장 높은 시간대에 집중한다. 점심 장사가 잘되면 굳이 늦은 밤까지 영업할 필요가 없고, 평일보다 주말이 강한 가게라면 평일 하루를 쉬고 주말에 일하는 게 훨씬 효율적이다.

적자가 나는 가장 큰 이유는 숫자를 정확히 관리하지 않기 때문이다. 매출만 보고 수익을 착각한다. 직원 비용을 제대로 계산하지 않는다. 매장 크기를 필요 이상으로 크게 잡는다. 영업시간을 길게 가져가면서 불필요한 비용을 만든다. 이 4가지만 제대로 관리해도 적자는 줄어든다. 장사는 매일매일 돈이 들어오고 나가는 싸움이다. 숫자를 모르면 결국 버는 것보다 새는 게 더 많아진다. 이제 내 가게의 숫자를 다시 한번 보자. 손익분기점은 정확히 계산됐는가? 직원 인건비가 매출 대비 적절한 수준인가? 매장 크기와 영업시간이 수익성에 맞게 운영되고 있는가? 이 질문에 대한 답을 찾지 못하면, 적자는 시간문제다.

적자는 우연이 아니다. 관리를 안 하면 생기는 거다. 그리고 숫자를 모르면 장사는 결국 어려워진다. 지금부터라도 제대로 따져보자. 적자를 막는 사장님과 적자가 나는 사장님은 결국 숫자를 아는가, 모르는가의 차이일 뿐이다.

장사는 '얼마나 남느냐'가 전부다

장사를 하면서 가장 황당한 순간은 매출은 오르는데, 남는 돈은 그대로이거나 오히려 줄어들 때다. 손님이 늘어나서 신나게 장사했는데, 한 달 마감하고 보면 통장에 돈이 없다. 그 이유는 단순하다. 원가율이 높아서 번 돈이 그대로 빠져나가기 때문이다. 나는 컨설팅을 하면서 이 문제를 겪는 사장님들을 많이 만났다. 한 번은 떡볶이 가게를 운영하는 사장님을 만났다. "장사는 잘돼요! 하루 매출이 100만 원이 넘는데, 이상하게 남는 게 없어요." 매출만 보면 성공한 가게였지만, 원가율을 계산해 보니 50%가 넘었다. 재료비만 매출의 절반 가까이 차지하니, 월세 내고 인건비 빼고 나면 정작 사장 몫은 거의 남지 않았다.

가장 먼저 살펴본 건 협력사 관리였다. 알고 보니 사장님은 그때마다 식자재를 근처 도매상에서 소량으로 구매하고 있었다. 떡볶이 떡도, 어묵도, 소스도 그날에 필요한 만큼만 샀다. 이게 왜 문제냐? 소량 구매를 하면 단가가 높아지고, 가격 변동이 클 때 손해를 볼 확률이 높아진다. 그래서 나는 대량 구매 할인 계약이 가능한 식자재 업체를 찾고, 한 달 단위로 재료를 발주하는 방식을 제안했다. 그랬더니 떡과 소스 비용이 각각 10%씩 절감됐다.

다음은 주문 최적화였다. 사장님은 점심, 저녁 할 것 없이 항상 똑같은 양의 재료를 준비했다. 데이터를 분석해 보니, 저녁 매출이 점심보다 두 배 이상 높았다. 점심엔 재료가 남고, 저녁엔 추가 발주하면서 불필요한 비용이 발생하고 있었다. 그래서 피크타임에 맞춰 재료 준비량을 조절하고, 손님이 적은 시간대에는 작은 세트 메뉴를 추가해 낭비를 줄였다.

마지막으로 낭비 요소를 점검했다. 소스를 매번 눈대중으로 담다 보니 항상 일정량이 버려지고 있었다. 나는 계량스푼과 정량 컵을 도입해 정확한 소스 사용량을 유지하도록 했다. 이런 사소한 조정만으로도 한 달에 20만 원 이상이 절약됐다. 그리고 남는 재료를 활용할 수 있도록 1인 분량의 즉석 떡볶이 밀키트를 추가했더니, 추가 매출까지 발생했다.

두 달 후, 매출은 똑같은데, 순이익이 20% 이상 늘어났다. 매출을 올리지 않고도 돈이 남기 시작했다. 비슷한 사례는 또 있다. 한 카페 사장님이 매출은 꾸준한데 이익이 거의 없었다. 원인을 찾아보니 원두와 디저트

재료를 따로 발주하면서 단가가 높아지고 있었다. 나는 원두와 디저트를 함께 납품받을 수 있는 업체를 찾아 묶음 구매 할인을 적용하도록 했다. 그 덕분에 원두 가격이 15% 절감됐고, 재료 낭비도 크게 줄어들었다.

나는 100여 명의 자영업 사장님들 매장의 원가율을 분석하면서, 매출보다 중요한 건 "얼마를 팔았느냐"가 아니라 "얼마를 남기느냐"라는 걸 뼈저리게 깨달았다. 원가율이 높으면 장사가 아무리 잘돼도 손에 남는 게 없다. 하지만 협력사를 제대로 관리하고, 주문량을 최적화하며, 낭비를 줄이는 그것만으로도 순이익은 빠르게 개선된다.

장사는 결국 돈을 버는 게임이다. 매출을 올리는 것만큼, 돈이 어디로 새고 있는지 아는 게 중요하다. 원가율을 5%만 줄여도, 매출을 20% 올리는 것보다 더 빠르게 수익을 개선할 수 있다. 협력사와 좋은 조건을 협상하고, 불필요한 낭비를 줄이고, 주문량을 전략적으로 조정하는 이것이 가게를 오래 유지하고, 사장이 돈을 버는 비결이다. 장사는 얼마나 남느냐가 중요하다. 숫자를 읽을 줄 아는 사장이 결국 돈을 번다. 돈을 버는 것만큼이나 중요한 건, 돈이 새지 않게 하는 것이다. 원가율을 잡는 것이 결국, 장사를 오래 할 수 있는 길이다.

손익분기점, 현금 흐름, 부채 관리가 사장의 무기다

장사를 오래 하는 사람들은 매출이 높아도 돈이 남지 않으면 아무 소용이 없다는 것을 안다. 장사에서 가장 중요한 건 손익분기점, 현금 흐름, 부채 관리라는 것도 잘 알고 있다. 이 세 가지를 모르면, 장사가 잘될 때도 돈이 없고, 장사가 어려워지면 버틸 힘이 없다. 돈을 잘 관리하는 사장이 살아남는다.

나는 컨설팅을 하면서 "장사는 잘되는데, 왜 나는 맨날 돈이 부족할까요?"라는 질문을 수도 없이 들었다. 한 번은 한 프랜차이즈 카페 사장님이 상담을 요청했다. 카페는 늘 손님이 많았고, 매출도 꾸준했다. 그런데 사장은 "매달 적자가 나고 있어요. 도대체 뭐가 문제인지 모르겠어요"라며 한숨을 쉬었다. 장부를 확인해 보니, 가장 큰 문제는 손익분기점을 모르는 것이었다. 매달 얼마 이상을 팔아야 본격적인 수익이 나는지 계산조차 하지 않았다. 손익분기점은 고정비(임대료, 인건비, 각종 관리비)를 포함해, 운영비를 모두 충당할 수 있는 최소 매출 수준이다. 이걸 모르면 가게가 적자인지 흑자인지, 운영을 어디서 조정해야 할지 판단할 수 없다.

나는 컨설팅할 때 경영진단을 먼저 한다. 한 매장에서 사장님과 함께 현금 흐름을 월별로 정리하고, 고정비와 변동비를 구분하는 작업을 했다. 수입과 지출을 한눈에 볼 수 있도록 정리하니, 불필요한 지출이 확실히 보였다. 특히 배달앱 광고비가 과하게 나가고 있었고, 식자재 발주 일정이 비효율적이라 재료비 부담이 예상보다 높았다. 이후 효율이 안 나는 배달앱 광고를 절반으로 줄이고, 식자재 발주를 2주 단위에서 1개월 단위로 조정하면서 비용을 절감했다. 결과적으로, 매출은 비슷했지만, 현금이 남는 구조로 바뀌었다.

부채 관리 또한 가게 운영의 생존을 좌우한다. 장사가 어려워지면, 많은 사장님이 대출을 받거나 외상으로 물건을 들여오면서 현금을 메우려 한다. 하지만 부채를 제대로 관리하지 않으면, 장사가 잘될 때도 돈이 모이지 않고, 위기가 오면 버틸 힘이 없다. 어느 사장님은 장사한 지 3년이 됐지만, 여전히 대출금을 갚지 못하고 있었다. 매달 대출 이자가 150만 원씩 빠져나가고 있었고, 가게 매출은 늘어나도 빚이 줄어들지 않았다. 이 경우는 부채를 정리하는 전략을 세웠다. 금리가 높은 대출을 먼저 갚고, 불필요한 지출을 줄여 매달 50만 원씩 더 상환하는 방식으로 바꾸었다.

장사는 매출이 높다고 성공하는 게 아니다. 손익분기점을 정확히 파악하고, 현금 흐름을 안정적으로 관리하며, 부채를 전략적으로 관리해야 오래 살아남을 수 있다. 매출이 높아도 지출이 많으면 아무 의미가 없고, 장사가 잘돼도 현금 흐름이 꼬이면 버티지 못한다. 그리고 부채를 관리하지 않으면, 가게를 키우기도 전에 빚에 허덕이게 된다. 숫자를 정확히 아는 가게는 오래간다. 반면에 숫자를 모르면 운영이 불안하고, 손실이 쌓이며, 결국 폐업으로 이어진다. 하지만 숫자를 제대로 읽고 관리하면, 작은 가게도 안정적으로 운영할 수 있고, 위기가 와도 버틸 힘이 생긴다.

장사는 결국 '버틸 힘'이 이긴다

장사를 하다 보면 언제 무슨 일이 터질지 모른다. 매출이 잘 나오던 가게도 한순간에 위기를 맞을 수 있다. 건물주가 갑자기 임대료를 올릴 수도 있고, 장사가 잘되다가 예상치 못한 장기 공사가 시작될 수도 있다. 아니면 단순히 손님이 줄었다는 이유 하나만으로도 매출이 반토막 나기도 한다. 이럴 때 준비가 되어 있지 않으면, 사장님은 버틸 힘이 없다. 그래서 비상 자금, 예산 관리, 투자 계획이 필수다.

나는 돈이 없어서 망하는 가게보다, 돈이 없을 때 버틸 준비가 안돼서 망하는 가게를 더 많이 봤다. 2024년 연말부터 갑자기 매출이 30% 줄어 어떻게 해야 할지 모르겠다는 매장이 있었다. 6개월 넘게 지속되면서 적자가 계속 누적됐다. 이 가게가 버티지 못한 이유는 비상 자금이 전혀 없었기 때문이었다. 매출이 나올 때는 별생각이 없었고, 벌어들인 돈을 가게 인테리어와 신규 장비에 투자했다. 하지만 정작 위기가 닥쳤을 때는 매출이 없는데도 월세, 인건비, 원재료비는 그대로 빠져나가면서 순식간에 적자로 전환됐다. 결국, 몇 달을 버티지 못하고 가게를 정리해야 했다.

이와 반대로, 비상 자금을 잘 관리해서 위기를 기회로 만든 사례도 있다. 박 사장님은 매달 매출의 10%를 비상 자금으로 따로 모아두는 습관이 있었다. 어느 날, 가게가 위치한 지역에 신규 경쟁 브랜드가 두 개나 생기면서 매출이 40% 이상 급감했다. 보통 이런 경우 사장들은 광고비를 마구 늘리거나, 가격을 낮춰서 손님을 끌어들이려 한다. 이 가게 사장님은 그렇게 하지 않았다. 준비해 둔 비상 자금을 활용해, 배달앱 상위 노출 광고를 3개월간 집중적으로 운영했다. 그리고 픽업 할인, 단골 전용 쿠폰, 재방문 유도 이벤트 같은 마케팅을 공격적으로 진행했다. 덕분에 신규 고객뿐만 아니라 기존 고객들의 방문율까지 높아지면서, 결국

6개월 후 매출이 회복됐다. 가게 운영에는 언제나 예상치 못한 지출이 생긴다. 냉장고가 갑자기 고장 나거나, 주요 재료 가격이 급등할 수도 있다. 미리 예산을 관리하고, 비상 자금을 준비해 둔 가게들은 이런 돌발 상황에서도 당황하지 않고 빠르게 대응할 수 있다.

사장님들이 또 한 가지 간과하는 부분이 투자 계획이다. 장사가 잘될 때는 돈을 어디에 써야 할지 고민이 많아진다. "광고를 더 할까? 인테리어를 바꿀까? 메뉴를 추가할까?"라며 머릿속이 복잡하다. 그러나 계획 없이 무작정 돈을 쓰면, 그것은 재투자가 아니라 비용 낭비다. 한 번은 배달 전문 점포를 운영하는 사장님이 장사가 잘되자, 매장을 확장하려고 대출까지 받으려고 했다. 나는 먼저 기존 매장의 수익 구조를 더 최적화하는 게 우선이라고 조언했다. 배달앱 광고비를 재조정하고, 마진율이 높은 메뉴로 중심을 이동하면서 같은 공간에서 매출을 20% 더 올릴 수 있었다. 굳이 매장을 확장하지 않아도 수익을 극대화했고, 사장님은 불필요한 부채를 지지 않고 안정적으로 가게를 운영할 수 있었다.

비상 자금 없이 장사를 하다가 위기가 오면, 대부분 버티지 못하고 무너진다. 미리 준비한 사장님은 같은 위기에서도 살아남고, 오히려 그 위기를 기회로 바꾼다. 장사는 위기가 왔을 때 버틸 힘이 있어야 한다. 비상 자금이 없으면, 장사가 잘될 때도 불안하고, 장사가 어려워지면 더 큰 위기를 맞는다. 예산을 관리하고, 불필요한 지출을 줄이며, 꼭 필요한 곳에 투자할 줄 알아야 한다.

장사는 버티는 사람이 이긴다. 위기에서 살아남을 수 있는 가게만 오래간다. 그 차이를 만드는 건, 비상 자금, 예산 관리, 투자 계획임을 꼭 기억하자.

 가슴에 새겨야 할 장사의 원칙

- 하루 매출보다 중요한 건 월 손익이다.

7장

7-2 전략이 있는 가게는 오래 살아 남는다

점심 2시간, 전략이 매출을 결정한다

점심 장사는 저녁 장사와는 다르다. 짧은 시간 안에 최대한 많은 손님을 받고, 빠르게 식사하고 떠나게 하는 것이 관건이다. 회전율이 생명이다. 이 말을 명심하자. 점심시간은 보통 11시 30분부터 1시 30분까지 단 두 시간에 집중되므로, 이 시간을 어떻게 활용하느냐가 매출을 결정 짓는다. 회전율을 높이고, 테이크아웃을 적극 활용하며, 세트 메뉴로 객단가를 높이는 것이 점심 장사의 핵심 전략이다.

컨설팅을 진행했던 한 국밥집 사장님은 점심 매출이 저조하다고 고민했다. "손님이 많긴 한데, 회전율이 너무 낮아요. 한 번 들어온 손님이 오래 앉아 있다 보니 두 번 이상 테이블을 못 돌려요." 문제는 주문 과정에 있었다. 메뉴가 많아 손님들이 고르는 데 시간이 걸리고, 계산도 나중에

하다 보니 퇴식 시간이 길어졌다. 해결책은 간단했다. 테이블마다 테이블 오더를 설치하고 점심 메뉴를 대표 국밥 두 가지로 줄였다. 결제 시스템도 선불로 변경하고 테이블마다 김치와 깍두기를 미리 세팅해 직원이 추가 서빙하지 않도록 했다. 그 결과, 한 테이블당 평균 체류 시간이 15분가량 줄어들었고, 손님이 하루 평균 30% 이상 증가했다.

테이크아웃에서도 점심 장사는 중요하다. 한 샌드위치 가게 사장님은 점심시간에 손님이 몰려 대기 시간이 길어지면서 고객을 놓치는 일이 많았다. "손님이 많아서 좋은데, 너무 오래 기다리게 하면 그냥 가버리더라고요." 그래서 아침 10시부터 '픽업 예약'을 받기 시작했다. 손님들이 오전 중에 주문하면, 점심시간에 대기 없이 바로 가져갈 수 있도록 한 것이다. 매장 앞에는 미리 포장된 샌드위치와 샐러드를 진열해 즉시 집어서 바로 나가는 '그랩앤고(Grab & Go)' 시스템도 도입이었다. 덕분에 테이블 수와 상관없이 추가 매출이 발생했고, 대기 시간이 줄어들면서 기존 고객들도 더 자주 방문하게 되었다.

점심 장사는 전략적으로 접근해야 한다. 회전율을 높이면 같은 시간 동안 더 많은 손님을 받을 수 있고, 테이크아웃을 활용하면 공간의 제약을 넘을 수 있으며, 세트 메뉴를 통해 자연스럽게 객단가를 올릴 수 있다. 점심 장사를 바쁜 시간대만 보내는 것이 아니다. 어떻게 활용하느냐에 따라, 가게의 성패가 달라진다.

경험, 공간, 술이 어우러진 저녁 장사의 전략

저녁 장사는 단순히 음식을 파는 게 아니라, 분위기와 경험을 함께 제공하는 시간이다. 낮에는 바쁘게 한 끼를 해결하려는 손님이 많지만, 저녁에는 여유를 즐기며 기분 좋은 시간을 보내려는 고객들이 대부분이다. 그래서 저녁 매출을 올리려면 가게를 좀 더 고급스럽게 만들고, 분위기를 살려주며, 술과 사이드 메뉴를 강화하는 게 중요하다.

한 레스토랑 사장님은 초반에 저녁 매출이 기대만큼 나오지 않아 고민이 많았다. 원인을 파악해 보니 조명과 인테리어가 너무 평범해서 '특별한 저녁'을 즐기기에는 적합하지 않았던 것이다. 그래서 테이블마다 간접조명을 두고, 전체적인 조명을 따뜻한 색감으로 바꾸며, 벽면에는 클래식한 고전 그림을 걸었다. 또 기존 단품 메뉴를 코스 요리로 바꾸고, 와인을 곁들일 수 있도록 메뉴를 구성했다. 그러자 손님들은 '분위기 좋은 곳에서 근사한 저녁을 즐긴다'라는 느낌을 받았고, 자연스럽게 객단가도 올라갔다.

분위기를 살리는 건 인테리어만이 아니다. 음악도 저녁 장사에서는 큰 역할을 한다. 지인이 운영하는 분당의 〈셋셋세〉는 전통적인 이자카야 분위기에서 벗어나 세련된 감각을 가미해 차별화된 저녁 장사를 운영하는 곳이다. 레트로 감성과 현대적인 요소가 조화를 이루며, 고객이 일본 황금시대의 감성을 느낄 수 있도록 독특한 분위기를 연출했다. 이곳은 단순한 식사가 아닌 '술과 함께 즐길 수 있는 공간'으로 포지셔닝했다. 다양한 가성비 높은 메뉴를 제공하여 여러 가지 주류와 함께 곁들일 수 있도록 구성했고, 한식과 양식, 일식이 적절히 섞인 독창적인 요리를 선보였다. 특히 '백멸치 네기 파스타' 같은 메뉴는 다른 곳에서는 찾아보기 힘든 특별한 음식으로, 방문 고객들에게 신선한 경험을 제공한다.

또한, 단순한 요리 제공을 넘어 엔터테인먼트 요소를 결합한 것이 특징이다. 중간중간 직원이 분위기를 띄우는 역할을 하며, 때로는 마이크를 들고 직접 참여형 이벤트를 진행해 손님들이 지루할 틈이 없도록 했다. 이러한 퍼포먼스는 마치 클럽이나 가라오케 DJ 쇼를 보는 듯한 느낌을 주며, 방문객들에게 색다른 경험을 선사한다. 고객들이 다양한 방식으로 주류를 즐길 수 있도록 선택지를 넓힌 것도 강점이다. 〈셋셋세〉는 일본 음악부터 인테리어, 화장실의 세심함까지 단순한 음식점이 아니라 '경험을 판매하는 공간'으로 자리 잡았다. 분위기, 메뉴, 서비스가 결합된 이곳은 술과 함께 저녁을 특별하게 즐기고 싶은 고객들에게 강한 인상을 남기며 단골을 만들어가고 있다.

저녁 장사는 단순히 배를 채우는 시간이 아니라, 손님이 '기분 좋은 시간을 보내고 싶은 공간'을 만드는 것이 핵심이다. 조명, 음악, 인테리어로 분위기를 살리고, 메뉴를 고급스럽게 구성하며, 술과 함께 즐길 수 있는 다양한 안주를 준비하면 자연스럽게 매출이 따라온다. 손님들은 단순한 한 끼를 넘어 '특별한 경험'을 원한다. 어떻게 하면 손님들이 좀 더 오래 머물면서 만족스럽게 소비할 수 있을지 고민해 보자.

한 번 온 손님을 충성 고객으로 만드는 스타벅스의 7가지 전략

장사에서 가장 비싼 손님은 '처음 오는 손님'이다. 광고비를 들여 유입한 손님이 한 번만 사고 돌아서면, 그 돈은 회수가 안된다. 반면, 한 번 온 손님이 또 오고, 또 오게 되면 그 순간부터 장사는 '자산'을 가지게 된다. 스타벅스는 이 공식을 누구보다 잘 이해한 브랜드다. 커피는 어디에나 있지만, 사람들은 왜 굳이 스타벅스를 고집할까? 그 이유는 바로 전략이다. '한 번 온 손님을 충성 고객으로 스타벅스의 7가지 전략을 생각해 보자.

❶ 공간을 경험으로 만든다.
스타벅스는 매장을 '커피를 파는 곳'이 아니라 '머물고 싶은 제3의 공간'으로 설계했다. 조도, 음악, 의자 높이, 테이블 간 간격까지 고객이 편하게 오래 머무를 수 있도록 세밀하게 설계되었다. 편안한 공간은 고객의 체류 시간을 늘리고, 그 자체가 또 하나의 브랜드 경험이 된다.

❷ 고객의 이름을 부른다.
음료 컵에 이름을 써주는 스타벅스의 문화는 단순한 서비스가 아니다. 고객은 자신이 '기억되고 있다'는 경험에 감동한다. 한 번 방문한 손님에게 "다음에도 같은 음료 드릴까요?"라고 말하는 순간, 손님은 '이 가게는 나를 알아주는 곳'이라 느낀다.

❸ 모바일 오더로 편의성을 극대화한다

스타벅스는 경쟁 브랜드보다 훨씬 빠르게 모바일 오더 시스템을 도입했다. 줄 서지 않아도 되고, 원하는 시간에 원하는 음료를 픽업할 수 있는 이 구조는 '기다림'이라는 장벽을 없애 고객 충성도를 높였다.

❹ 테마와 시즌 전략으로 늘 새롭게 만든다
매 시즌 한정판 음료, 굿즈, 이벤트를 출시한다. '이번 봄 한정 체리블라썸 라떼'처럼 소비자에게 지금 아니면 못 사는 감정을 자극한다. 고객은 스타벅스에서 계절을 느끼고, 매장에 들를 이유를 만든다.

❺ 브랜드 철학을 일관되게 전달한다.
스타벅스는 지속 가능성과 윤리적 소비를 브랜드의 중요한 축으로 삼는다. 리유저블 컵, 공정무역 커피, 지역사회 공헌 활동은 고객에게 '스타벅스를 선택하는 것은 가치 있는 소비'라는 인식을 심어준다.

❻ 직원을 브랜드 대사로 만든다.
고객과 가장 자주 마주치는 사람은 직원이다. 스타벅스는 파트너(직원)를 브랜드 대사로 여기고, 친절 교육은 물론 커피에 대한 지식과 철학까지 공유한다. 덕분에 고객은 매장에서 일관된 경험과 감정을 얻는다.

❼ 디지털과 오프라인을 연결한다
앱, 쿠폰, 멤버십 프로그램, 시즌 이벤트 등 디지털 채널을 통해 고객 데이터를 쌓고 분석한다. 단골 고객이 자주 찾는 음료, 방문 시간, 지역별 소비 패턴까지 반영해 개인화된 서비스를 제공한다. 한 번 온 손님이

'관리되는 고객'으로 전환되는 구조다.

스타벅스는 단지 커피를 잘 파는 곳이 아니라, 고객을 '기억하고 설계하는 곳'이다. 우리는 그 전략을 외식업에서도 적용할 수 있다. 장사에 성공한 사장님들은 단골을 우연에 맡기지 않는다. 단골은 반복되는 정성과 전략에서 만들어진다. '다시 오고 싶게 만드는 전략'이 있어야 가게는 살아남는다.

 가슴에 새겨야 할 장사의 원칙

- 생존하는 가게는 '버틴 게' 아니라 '계획한 것'이다.
- 장사는 하루하루 팔지만, 전략은 미래를 만든다.

7장

7-3 1년 장사 vs. 10년 장사, 무엇이 다를까

단기 매출이 아닌 장기 고객 관리가 생존을 결정한다

장사를 시작하는 건 어렵지 않다. 하지만 10년을 버티는 건 완전히 다른 이야기다. 단기적으로 매출을 올리는 건 누구나 할 수 있다. 오픈 초반에는 손님이 몰리고, 이벤트를 하면 매출도 오른다. 하지만 그 이후가 문제다. 한두 해 잘되다가 사라지는 가게가 얼마나 많은가? 반면, 10년 넘게 꾸준히 사랑받는 가게들은 단순한 '운'이 아니라 지속 가능성을 생각하며 운영하는 사장님의 철저한 전략이 있다. 1년 장사와 10년 장사의 차이는 고객을 어떻게 관리하고, 브랜드를 어떻게 지속시키느냐에 달려 있다.

나는 장사를 시작한 지 1~2년 만에 가게를 접는 사장님을 많이 봤다. 반대로, 10년 이상 꾸준히 운영되는 가게들도 봤다. 두 가게의 차이는 명확했다. 단기 매출을 쫓느냐, 장기적인 고객을 관리하느냐의 차이였다. 송파에서 파스타 전문점을 운영하는 사장님이 있었다.

오픈 초반에는 인스타그램에서 맛집으로 유명해지면서 웨이팅까지 해야 하는 곳이었다. 그러나 1년이 지나면서부터 분위기가 달라졌다. 손님이 점점 줄어들었고, 주말 저녁에도 빈자리가 생겼다. 사장님은 "오픈할 때만 해도 잘됐는데, 요즘은 손님이 뜸해요. 뭐가 문제일까요?"라고 물었다. 가게를 분석해 보니, 초반에는 SNS 바이럴 덕분에 젊은 고객들이 몰렸지만, 단골이 거의 없었다. 유행을 타고 한 번 방문한 손님들은 다른 핫플레이스로 이동했고, 가게는 점점 잊혀져 갔다. 이벤트를 통해 단기 매출을 끌어올리는 데 집중했지만, 고객이 다시 방문할 이유를 만들지 못했다.

반면, 10년 이상 운영되는 가게들은 확실한 차별점이 있었다. 한 번 온 손님은 반드시 다시 올 이유를 만든다. 송파에서 15년째 운영 중인 한 중식당은 맛도 뛰어나지만, 단골 관리가 철저했다. 사장님은 손님이 한 번 방문하면 메뉴 취향을 기억해 두었다가, "지난번 깐풍기 좋아하셨죠? 오늘도 드려요?"라고 물어본다. 이 사소한 차이가 손님을 단골로 만들었고, 가게는 시간이 지나도 변함없이 사랑받았다.

브랜드 지속성도 장기 장사의 핵심이다. 프랜차이즈 산업도 지속하기 어려운 것은 마찬가지다. 한국외식산업연구원이 발간한 '외식 운영 형태별 현황 및 특성·성과 연구'에 따르면, 외식업 프랜차이즈의 평균 생존

기간은 5년 11개월이다. 이러한 통계는 외식업 프랜차이즈 본사의 생존율이 비교적 낮고, 평균적으로 6년을 채우지 못하고 문을 닫는다는 것이다. 나는 35년이 넘는 업력의 프랜차이즈 본사에 근무하면서 단기 매출이 아닌 장기 브랜드 가치를 쌓는 게 얼마나 중요한지 직접 경험했다. 많은 가게가 초반에 반짝하는 마케팅에 집중하지만, 오래 가는 가게들은 고객이 브랜드를 기억하도록 만드는 전략을 세운다.

부산에 있던 한 가맹점은 배달앱 광고와 할인에 대해 고민이 많았다. 그 가맹점은 초기에 배달앱 광고를 적극적으로 진행해서 빠르게 매출을 올리며 목표 매출을 달성했다. 광고를 하다 보니 이 방식은 계속 광고비를 지출하지 않으면 유지되지 않는 구조였다. 나와 슈퍼바이저는 광고비를 줄여도 손님이 다시 찾는 방법을 고민했다. 그때 가맹점주님이 아이디어를 냈다.

"우리 매장은 대학교 앞에 있어서 자취하는 학생들이 많으니 가격 할인 말고 배달 시 밑반찬을 서비스로 주는 건 어떨까요?"라는 의견에 우리는 바로 실행했다. 치킨 배달 주문 고객에게 '엄마의 마음으로 준비한 직접 만든 반찬'이라는 손 편지를 함께 넣었다. 그러자 서비스로 받은 반찬 인증사진부터 감동적인 리뷰가 쏟아졌다. 입소문을 탄 치킨집은 '엄마의 마음으로 정성껏 조리하는 치킨'이라는 정체성을 자리 잡아 차별화가 되었다. 이런 전략을 실행한 지 3개월 후, 광고비를 절반 이상 줄여도 단골손님이 증가하면서 매출은 더 안정적으로 유지되었다.

장사는 단기적인 매출이 아니라, 고객을 얼마나 오래 유지하느냐가 승패를 가른다. 단기 매출만 보고 운영하는 가게는 이벤트를 할 때만 반짝하고, 유행이 지나면 사라진다. 반면, 장기적인 고객을 확보하고 브랜드를 지속하는 가게는 시간이 지나도 꾸준한 매출을 만든다. 오래 가는 가게들은 하나같이 한 번 온 손님이 다시 올 이유를 만든다. 단순한 메뉴 판매가 아니라, 브랜드를 쌓고 고객의 신뢰를 구축하는 데 집중한다. 장사를 1~2년 하다가 사라지는 가게가 될 것인가, 10년 이상 살아남아 사랑받는 가게가 될 것인가? 그 차이는 손님과 브랜드를 어떻게 관리하느냐에서 결정된다.

장사는 한 번 잘되는 것보다 오래가는 게 중요하다. 단기 매출을 쫓느냐, 장기 고객을 확보하느냐의 차이가 1년 장사와 10년 장사의 운명을 가른다. 단골이 많아야 가게가 오래간다. 브랜드가 있어야 기억된다. 장사는 지속성이 경쟁력이다.

트렌드에 적응하고 배우는 사장이 결국 살아남는다

장사를 하면서 가장 위험한 생각이 이제 다 알았다라는 착각이다. 장사를 1~2년 해보면 나름의 노하우도 생기고, 매출도 안정되는 것 같이 느껴진다. 그 순간부터가 중요하다. 시장도 계속 변한다. 고객도 변하고, 트렌드도 변한다. 그런데 장사 방식이 그대로라면 자연스럽게 손님은 줄어들고, 매출은 떨어질 수밖에 없다. 나는 컨설팅을 하면서 배우는 사장님과 배우지 않는 사장님의 차이를 수없이 봤다.

위기가 왔을 때 "요즘 손님이 줄었어요", "배달이 예전 같지 않네요"라고 외부 탓만 하는 사장님이 있는가 하면, "뭘 바꿔야 할까요?", "새로운 마케팅 방법을 배우고 싶어요"라고 질문하는 사장님들도 있었다. 후자의 경우, 대부분 가게를 오래 유지하면서 매출을 증가시켰다. 작년에 구로구에서 20년 넘게 운영된 한 부대찌개 가게를 컨설팅한 적이 있다. 가게 자체는 그 지역에서 원래도 유명했고, 홀 장사가 강한 편이었다. 하지만 어느 순간부터 배달 매출이 급격히 떨어지고 있었다. 사장님은 처음에는 배달 시장이 포화라서 그런 거라고 넘겼지만, 점점 위기가 심각해지자 컨설팅을 받은 것이다.

배달앱 데이터를 분석해 보니, 리뷰 평점이 점점 낮아지고 있었다. 예전보다 맛이 덜하다, 양이 줄었다, 배달이 늦다 같은 불만이 쌓이고 있었는데, 사장님은 이를 심각하게 받아들이지 않았다. 홀 장사만 하던 시절에는 문제가 되지 않았지만, 배달 시장이 커지면서 고객들의 기대 수준이 높아졌고, 경쟁도 치열해졌다. 보통 이런 상황이면 '배달이 원래 그런 거 아니겠어?' 하면서 손을 놓는 경우가 많다. 이 가게 사장님은 달랐다. "그러면 배달에 맞춰 가게를 바꿔야겠네요. 어떻게 하면 좋을까요?"라며 배우려는 자세를 보였다.

나는 먼저 배달 포장을 최적화하는 방법을 제안했다. 기존 포장 용기는 배달 중 국물이 새거나, 면이 부는 문제가 있었다. 그래서 배달 전용 용기를 사용해 국물과 건더기를 분리하고, 고객이 직접 끓여 먹을 수 있도록 DIY 스타일로 변경했다. 또한, 배달 고객에게 리뷰를 남기면 사이드 메뉴를 증정하는 이벤트를 진행하면서 평점을 끌어올렸다. 결과적으로, 3개월 만에 배달 매출이 30% 증가했고, 리뷰 평점이 4.0에서 4.6으로 상승했다.

사장님은 여기서 멈추지 않았다. 온라인 마케팅 강의도 듣기 시작했다. 네이버 스마트플레이스, 블로그 홍보, 인스타그램 운영 방법을 배우고 직접 적용했다. '이 집은 20년 전통 부대찌개 맛집이다'라는 브랜드 스토리를 강조하며 가게의 역사를 콘텐츠화했다. 덕분에 검색량이 증가했고, 자연스럽게 신규 고객이 늘어나면서 장기적으로 안정적인 매출을 확보할 수 있었다. 이 사례를 보면서 확실히 깨달았다. 배우는 사장님이 이긴다.

요즘 자영업 사장님은 공부하는 사장님과 공부하지 않는 사장님의 차이가 극명하다. 온라인 마케팅을 배우는 사장들은 네이버 스마트플레이스를 최적화하고, 고객 리뷰를 적극 활용하며, 배달앱에서 노출을 높이는 법을 터득한다. 반면, 공부하지 않는 사장님들은 '요즘 장사 어렵다.'라며 한숨만 쉬고, 예전 방식만 고수하다가 경쟁에서 밀려난다. 김영갑 교수의 소상공인 MBA 과정에서도 강조하는 내용이 있다. "장사도 공부해야 살아남는다. 손님이 변하면, 마케팅도 변하고, 장사 방식도 변해야 한다"라는 거다. 나는 이 과정 수업을 들을 때 수요일 저녁 7시부터 10시까지 전국 각지에서 공부하러 오시는 자영업 사장님의 모습을 보며 많은 자극을 받았다. 동네 맛집을 장악하는 가게는 광고를 통해서 돈으로 해결하거나 사장이 직접 하나하나 배우고 공부하면서 실력으로 이루어내든지 둘 중 하나다.

이 강의를 듣고 매출을 2~3배로 올린 사장님도 많았다. 한 사장님은 "강의를 듣기 전까지 그냥 가게 문 열고 손님 오기를 기다리는 장사를 했지만 온라인 마케팅을 배우고 난 후에는 모든 마케팅을 직접 적용하면서 매출이 급격히 상승했다"고 말했다. 배우는 사장님은 위기를 기회로 바꾸고, 배우지 않는 사장님은 변하는 시장에서 도태된다.

오래 가는 가게들은 하나같이 배움을 멈추지 않는다. 트렌드가 변하면 장사 방식도 바뀌어야 한다. 배달이 뜨면 배달을 배우고, 온라인 마케팅이 중요해지면 SNS를 활용할 줄 알아야 한다. 같은 상권에서도 어떤 가게는 트렌드를 반영해 메뉴를 개선하고, 고객 데이터를 분석해 마케팅을 조정하는데, 어떤 가게는 "장사란 게 원래 다 그런 거야"라며 변화 없이 버티다가 사라진다.

장사는 시장 변화에 적응하는 사람만 살아남는 게임이다. 배우지 않으면, 예전 방식에 갇혀 변화하는 시장에서 밀려난다. 배우고, 적용하고, 개선하는 가게는 시간이 지나도 꾸준히 성장한다. 가게의 성장은 사장님의 성장 속도를 따라간다. 사장님이 배우고 변화하면, 가게도 살아남는다. 그 차이가 1년 버티는 가게와 10년 가는 가게를 결정짓는 가장 중요한 요소다. 장사를 잘하는 사람은 계속 배우고 오래 지속하는 사람이다.

마케팅은 단기적인 비용 투입이 아니라, 장기적인 투자다

많은 자영업 사장님이 마케팅 비용을 그냥 나가는 돈이라고 생각한다. 하지만 진짜 장사를 하는 사람이라면 반드시 따져야 할 것이 있다. 바로 ROI(투자 대비 수익률), 즉 내가 쓴 돈만큼 효과가 있었는가 하는 계산이다.

예를 들어 보자. 스마트플레이스 광고에 한 달간 50만 원을 썼다고 하자. 그 광고를 보고 찾아온 손님이 10명이라면, 고객 한 명을 유치하는 데 5만 원을 쓴 셈이다. 이 손님이 1만 원짜리 식사만 하고 돌아갔다면 손해지만, 1인당 3~5만 원을 결제하고 재방문까지 했다면, 이건 ROI가 매우 좋은 투자다.

ROI = (순이익 ÷ 마케팅 비용) × 100

이 계산은 간단하지만, 이 수치를 모르면 마케팅이 불안하고 불확실하게 느껴진다. 하지만 수치로 따져보면, 어떤 채널이 효율이 높은지, 어디에 더 집중해야 하는지도 명확해진다. 예전에 내가 컨설팅한 한 고깃집 사장님은 블로그 마케팅과 스마트플레이스 광고에 각각 30만 원씩 투자했다. 두 달간 결과를 분석해 보니 블로그 유입 손님은 객단가가 높고 재방문율이 높았고, 스마트플레이스 광고를 통해서는 신규 고객 유입이 많았다.

이 데이터를 기반으로 블로그는 '단골 유치 채널', 스마트플레이스 광고 관리는 '신규 유입 채널'로 각각 역할을 분리해 운영했고, 마케팅 효율이 전보다 2배 가까이 향상되었다.

많은 사장님은 광고를 1~3개월 하고 "효과가 없어 보여서 끊었어요"라고 하며 마케팅은 효과가 없다고 얘기한다. 마케팅은 '단기 매출'만 보는 게 아니라, 얼마를 써서 고객을 모았고, 그 고객이 얼마나 오래 머무는가를 함께 봐야 한다. 특히 블로그, 인스타그램, 스마트스토어, 네이버 리뷰 등 콘텐츠 마케팅은 즉각적인 효과보다 '누적 효과'가 크다.

1주일 뒤가 아니라 1개월, 3개월, 6개월 뒤에도 검색되고, 유입되고, 매출로 이어진다. 초기엔 ROI가 낮아 보여도, 장기적으로는 점점 수익률이 높아지는 구조다. 이런 마케팅은 눈에 보이지 않는 자산이다. 결국 ROI를 따져야 마케팅이 두렵지 않다. 정확히 계산하고 비교해 보면, '아깝다'는 생각이 아니라 '더 써도 되겠다'는 판단이 선다. 그리고 그 판단이 가게의 생존을 바꾼다.

장사꾼이 아닌, 사업가의 마인드로 10년 시스템을 구축하라

장사를 시작할 때 누구나 잘해보고 싶다는 마음을 가진다. 좋은 자리에서 가게를 열고, 맛있는 음식을 만들고, 친절한 서비스를 제공하면 성공한다고 생각한다. 그런데 같은 업종에서 같은 방식으로 시작했는데도, 누구는 몇 년이 지나도 여전히 작은 매장 하나를 운영하는 동네 사장님이고, 누구는 전국에 1,000개가 넘는 가맹점을 가진 프랜차이즈 브랜드 대표가 된다.

같은 장사를 했는데, 이 차이는 어디서 오는 걸까? 오래전 알던 두 명의 사장님이 기억난다. 이 사장님과 박 사장님은 비슷한 시기에, 비슷한 규모의 호프집을 창업했다. 둘 다 장사에 열정이 있었고, 직접 매장에 나와서 일했다. 5년 후, 이 사장님은 여전히 동네에서 매장 한 곳을 운영하며 힘들게 일하고 있었고, 박 사장님은 전국적으로 가맹점을 확장하며 프랜차이즈 맥주 브랜드의 CEO가 되어 있었다.

두 사람의 결정적인 차이는 '장사꾼'과 '사업가'의 마인드였다. 이 사장님은 장사를 '지금 당장 돈을 벌기 위한 수단'으로만 생각했다. 손님이 많으면 바쁘게 일하고, 장사가 조금 잘되면 돈을 모으고, 경기가 어려우면 버티는 식이었다. 직원들에게 많은 책임을 맡기지 않았고, 늘 직접 가게를 지키면서 모든 걸 혼자 해결했다. 반면 박 사장님은 처음부터 '사업'으로 접근했다. 그는 매장 운영을 철저하게 시스템화했고, 브랜드 가치를 만들기 위해 작은 것부터 신경을 썼다. 메뉴를 표준화하고, 매뉴얼을 만들고, 직원들에게 운영을 맡기는 연습을 했다.

손님을 '브랜드의 팬'으로 만들기 위해 차별화된 경험을 제공했다. 그리고 가게가 안정적으로 운영되자, 바로 두 번째 매장을 열었다. 박 사장님이 두 번째 매장을 열었을 때, 이 사장님은 "매장 하나도 관리하기 어려운데, 왜 또 늘려요? 너무 욕심부리면 망할 수도 있어요"라고 말했다. 박 사장님은 달랐다. "나는 장사가 아니라, 사업을 하려는 거예요. 매장을 늘려야 브랜드가 되고, 브랜드가 되면 시스템이 돌아가죠." 박 사장님은 매장 수를 점점 늘려갔고, 그 과정에서 체계적인 운영 매뉴얼을 완성했다. 직원들에게 책임과 권한을 주었고, 운영을 본인에게 의존하지 않도록 만들었다. 그러자 자연스럽게 투자자들이 관심을 가졌고, 그는 프랜차이즈 사업을 시작했다.

반면 이 사장님은 여전히 매장 한 곳에서 하루하루 장사를 하며 몸으로 버티고 있었다. 그는 좋은 음식을 만들고 손님들에게 친절했지만, 사업의 확장성을 고민하지 않았다. 5년, 10년이 지나도 여전히 본인이 가게를 지켜야 했고, 매출이 줄어들면 직접 홍보하고, 직원이 그만두면 다시 뽑고 가르쳐야 했다. 가게가 본인을 중심으로만 돌아갔고, 그는 평생 가게에 묶여 있을 수밖에 없었다.

이 두 사람의 차이는 '사고방식'이었다. 장사꾼은 오늘의 매출을 고민하지만, 사업가는 미래의 시스템을 고민한다.

나는 이 책을 통해 자영업자들이 '장사'를 넘어 '사업'을 바라볼 수 있기를 바란다. 당장 눈앞의 매출만이 아니라, 장기적인 성장을 고민해야 한다. 내 가게가 10년 후에도 여전히 내 노동에 의존해야 한다면, 그것은 결코 성공한 모델이 아니다. 언젠가는 시스템이 자리를 잡아야 하고, 직원들이 자율적으로 운영할 수 있어야 한다. 가게가 사장님이 없어도 돌아갈 수 있어야 하고, 매장이 하나에서 끝나는 것이 아니라 확장될 수 있어야 한다.

성공하는 사람들은 '오늘'을 보지 않는다. 그들은 '미래'를 본다. 장사를 하는 것은 누구나 할 수 있다. 하지만 사업을 하는 사람은 극소수다. 이 책을 읽는 당신이, 단순히 장사하는 사람이 아니라, 미래를 준비하는 사업가가 되기를 바란다. 장사는 한계가 있지만, 사업은 무한한 가능성이 있다.

 가슴에 새겨야 할 장사의 원칙

- 1년은 잘될 수 있다. 하지만 10년은 다르다.
- 살아남은 자만이 진짜 사장이다.

부록1

염혜단이 알려주는 망하지 않는 장사의 기술 11가지

염혜단이 알려주는
망하지 않는 장사의 기술 11가지

20년 외식업 현장에서 내가 확실히 깨달은 것이 하나 있다. 잘되는 가게에는 반드시 이유가 있다. 결코 우연이 아니다. 콘셉트, 공간, 메뉴, 서비스, 가격, 직원, 마케팅, 지역 특성까지 모든 요소가 유기적으로 설계된 결과물이다. 반대로 망하는 가게는 비슷한 패턴을 되풀이한다. "음식 맛은 좋은데 손님이 없다"는 말에는 반드시 놓치고 있는 부분이 있다. 그래서 나는 실제 현장에서 보고, 부딪히고, 실패하고, 다시 확인한 '망하지 않는 장사의 기술 11가지'를 다시 여기 정리한다. 이 내용은 '팁'이 아니다. 많은 사장님이 무너지고 다시 일어서며 얻은 생존의 지혜다.

1 콘셉트가 없으면, 손님도 없다

잘되는 가게는 콘셉트가 명확하다. 숙성 삼겹살, 해장국 전문, 초밥 뷔페처럼 한눈에 알아볼 수 있다. 가게의 콘셉트는 타깃 고객이 누구냐에 따라 달라진다. 젊은 직장인인지, 가족 손님인지, 데이트족인지. 콘셉트는 내가 누구를 위해 장사하는가에 대한 선언이다.

| 방향이 잡혀야, 손님도 따라온다. |

2 공간이 기억에 남아야 가게도 기억된다

음식은 맛있었는데, 다시 가고 싶지 않았던 가게. 왜일까? 좁은 동선, 어두운 조명, 불편한 의자. 공간은 맛만큼 중요한 고객 경험이다. 잘되는 가게는 공간을 설계한다. 테이블 수를 줄여 북적이는 분위기를 만들고, 조명과 음악, 동선까지 계산해 손님이 '기분 좋게' 머무를 수 있도록 한다.

| 분위기도 하나의 메뉴다. |

3 메뉴는 적을수록 강하다

"혹시 이건 없어요?"라는 손님 걱정에 메뉴를 늘리다 보면, 결국 손님도, 주방도, 직원도 다 헷갈린다. 메뉴가 많은 가게는 기억에 남기 어렵다. 하지만 "그 집은 이거 먹으러 가는 곳이야"라는 말이 나오는 순간, 그 메뉴는 브랜드가 된다.

| 잘되는 가게는 메뉴를 넓히지 않고, 깊게 파고든다. |

4 서비스는 친절보다 배려다

정해진 멘트를 외우는 것보다 더 중요한 건, 고객의 마음을 먼저 헤아리는 센스다. 국물이 부족해 보이면 다가가 "국 더 드릴까요?" 묻는 한 마디, 햇볕을 피해 자리를 안내하는 사소한 행동이 고객의 기억에 남는다. 서비스는 결국 사장의 마음이 직원에게 스며드는 문화다.

| 진심은 말보다 행동으로 전해진다. |

5 가격은 숫자가 아니라 심리다

같은 9,000원인데, 어떤 집은 싸게 느껴지고 어떤 집은 비싸게 느껴진다. 이 차이를 만드는 건 '납득'이다. 가격은 단순히 원가를 더한 수치가 아니라, 고객이 받아들이는 가치와 만족감의 결과다.

| 가격이 아니라 '가성비'가 고객을 붙잡는다. |

6 직원이 잘해야 가게가 잘된다

좋은 직원을 찾기 어렵다고들 말한다. 하지만 진짜 중요한 건, 직원이 자랄 수 있는 환경을 만드는 것이다. 잘되는 가게는 직원 교육을 습관처럼 한다. 서비스 매뉴얼을 만들고, 비전을 공유하며, 칭찬과 피드백을 꾸준히 반복한다.

| 직원이 떠나지 않는 가게는, 손님도 떠나지 않는다. |

7 1등을 목표로 해야 살아남는다

'그냥 먹고살 만큼만'이라는 말엔 성장이 없다.
이 골목에서 가장 친절한 카페, 이 동네에서 제일 든든한 분식집 등 이렇게 작지만 선명한 목표가 있는 사장님은 다르다. 목표는 방향이 되고, 방향은 습관을 만들고, 습관은 결과를 만든다.

| 목표 없는 장사는 결국 존재감 없는 가게가 된다. |

8 지역을 모르면, 손님도 모른다

같은 메뉴라도 동네에 따라 반응은 다르다. 오피스에 가면 빠른 식사가, 주택가면 푸근한 한 상이, 관광지에선 비주얼이 먹힌다. 잘되는 가게는 지역의 소비자 성향을 읽고 메뉴와 분위기를 맞춘다.
| **상권을 안다는 건, 손님의 생활을 이해한다는 뜻이다.** |

9 마케팅은 선택이 아니라 생존이다
'맛있으면 알아서 오겠지'는 옛말이다. 요즘 손님은 검색하고, 비교하고, 공유하고, 리뷰를 본다. 가게는 온라인에서 한 번 더 살아야 한다. 꾸준한 노출과 진심이 담긴 콘텐츠가 결국 손님의 발길을 이끈다.
| **검색되지 않으면, 존재하지 않는 것과 같다.** |

10 손님은 음식을 먹으러 오는 게 아니다
고객은 단순히 배를 채우러 오는 게 아니라, 그 공간에서의 경험과 기분을 소비하러 온다. 가게의 냄새, 음악, 직원의 말투, 메뉴에 담긴 스토리까지 모든 것이 하나의 브랜드가 되어 손님의 기억에 남는다.
| **한 끼의 음식이 아니라, 한 순간의 감정을 파는 것이다.** |

11 변화하지 않으면, 결국 사라진다
장사는 '처음처럼'이 아니라, '계속 새로워야' 살아남는다. 고객의 입맛은 변하고, 동네의 분위기도 바뀐다. 성공하는 가게는 메뉴 하나, 간판 하나, 문구 하나라도 꾸준히 개선한다.
| **지속적으로 새로워지는 가게만이 오래 살아남는다.** |

이제, 내 가게를 돌아보자. 나는 이 11가지 중 몇 가지를 실행하고 있는가?

'잘 되고 싶다'는 바람만 있었지,
내가 얼마나 전략적으로 움직이고 있었는지 냉정하게 점검해보자.
바쁨에 쫓겨 감으로만 장사를 하고 있진 않았나?
직원에게만 책임을 미루고 있진 않았나?
내가 만든 공간이 손님에게 어떤 경험을 주고 있는지, 진심으로 생각해 본 적이 있나?
장사는 결국 '매출'로 말하지만, 그 속에는 사장의 철학, 습관, 선택이 고스란히 담겨 있다.

망하지 않는 가게는 절대 우연히 생기지 않는다.
하루하루를 전략적으로 운영한 결과가, 1년 뒤 살아남는 힘이 된다.
장사는 운이 아니라, 준비된 사람에게 기회를 준다.
그리고 살아남는 가게는 반드시 이유가 있다.

부록 2

장사 시작 전에 꼭 알아야 할 5가지 실무의 기술

인테리어 계약, 바가지 안 쓰는 사장님 되는 법

시공보다 계약이 먼저다. 바가지는 정보 부족에서 생긴다

장사 준비 중 가장 많은 예비 사장님이 후회하는 순간이 있다. 바로 인테리어 공사 이후 "왜 이렇게 많이 나왔지?"라는 말이 나올 때다. 본문에선 '장사는 전략'이라고 했다면, 인테리어는 '사전 전략의 실천'이다. 바가지 한 번 잘못 쓰면 몇백만 원은 금방 손해다. 실제로 가게 오픈 전 공사비로 1천만 원 넘게 추가 부담을 지고, 감정 다툼까지 이어지는 경우도 허다하다. 이 부록에서는 실제 인테리어 계약 시 반드시 알아야 할 실전 체크리스트를 정리했다. 다음 내용을 모르고 계약하면, 정말로 호갱이 될 수도 있다.

❶ 인테리어 공사 견적서에서 반드시 확인해야 할 항목들

- 철거, 설비, 전기, 바닥, 도장, 가구, 간판까지 '항목별로 분리'되어 있는가?
- '평당가 계약'이 아니라 '내 가게 실측 기준'으로 세부 견적이 들어가 있는가?

- 자재 스펙(브랜드, 색상, 마감재 등)이 명시되어 있는가?

실제 사례: 10평짜리 매장을 인테리어한 우 사장님은 견적서에 '내부 공사 일괄 1,200만 원'이라는 단일 항목만 보고 계약했다가, 사후에 추가 철거 비용·전기 공사·가구비가 따로 청구되며 총 1,800만 원을 지불했다. 견적서는 반드시 '세부 항목 + 자재 스펙 + 실측 기준'으로 나눠서 받아야 한다.

❷ 계약 전 반드시 확보해야 할 3종 세트: 실측도, 제안서, 계약서

실측도: 실평수, 벽면 길이, 천장 높이 등 측정
제안서: 동선 배치, 콘셉트 스케치, 주요 자재 설명 포함
계약서: 공사 기간, 대금 지급 조건, A/S 조건 명시

이 3가지는 인테리어 계약 전 필수다. 특히 제안서 없이 견적만 주는 업체는 위험하다. 브랜드 콘셉트와 어울리는 인테리어인지 판단할 수 없기 때문이다. 실측 없이 견적을 받고, 제안서 없이 시공에 들어가면 90%는 실패한다.

❸ 간판/사인물/전기공사는 별도 견적으로 분리하라

인테리어 비용 중 가장 감춰진 추가 비용이 '사인물과 전기'이다. 많은 업체가 기본 견적에 포함되지 않은 간판, 외부 간판, 조명 공사 등을 나중에 따로 청구한다.

내부 사인물: 로고, 메뉴판, 데코 사인물
외부 간판: 메인 간판, 돌출간판, 입간판 등
전기 공사: 배선, 조명, 콘센트 증설, 전기용량 증설

> **팁** 👍
> - 간판·사인물은 가게 외관 마케팅의 핵심이다. 간단한 벽 부착형도 기본 100만 원 이상이다. 계약 전 별도로 견적서를 받아보고, 시안까지 미리 받아야 낭패를 막을 수 있다. 간판과 전기 공사는 반드시 '별도 견적'과 '디자인 시안'까지 체크해야 한다.

❹ 공사 계약서에 반드시 들어가야 할 5가지 문구
- 공사 기간 및 지연 시 책임 소재 명시
- 계약금·중도금·잔금 지급 시점과 조건 명시
- 주요 자재 변경 시 반드시 사전 협의 후 진행
- A/S 기간 및 책임 기준 명시 (예: 1년간 무상 보수)
- 공사 완료 후 사인물, 바닥, 설비 등 하자 점검 절차 기재

도 사장님은 계약서 없이 시공을 시작했다가, 공사 중간에 자재를 바꾸고, 디자인도 제멋대로 바꾸는 걸 뒤늦게 알았다. 결국 법적 조치까지 가는 데 몇 달이 걸렸다.

계약서 없는 인테리어는 '공사'가 아니라 '도박'이다.

> ❗ **염혜단의 한마디**
>
> "장사의 시작은 간판이 아니라 계약서에서 시작됩니다.
> 계약 전에 한 번 더 따져보세요. 그 한 장이 500만 원을 지켜줍니다."

주방 설비, 무엇을 어떻게 사야 하나요?

주방 설비비는 1,000만 원까지도 차이 난다. 잘 사는 게 기술이다

예비 자영업자들의 오픈 준비 단계에서 가장 돈을 많이 쓰는 항목 중 하나가 바로 '주방 설비'다. 그런데도 많은 사장님이 정확한 기준 없이 "업체 추천으로", "중고가 싸다길래", "그냥 새 걸로 다 맞췄어요" 식으로 접근한다. 문제는 그렇게 하면 쓸데없이 비싸고, 실속 없는 장비를 들이게 된다는 점이다.

이 부록에서는 실제 주방 설비를 어떻게 준비해야 합리적인지, 중고와 신품의 기준, 구매처, 꼭 피해야 할 실수 등을 실전 중심으로 정리했다.

❶ 중고로 사도 되는 장비 vs 절대 새로 사야 하는 장비

중고 구매 추천 장비

냉장고, 작업대, 싱크대, 선반, 테이블 냉장고 ▶ 내구성이 높고 감가상각이 빠름

튀김기, 그릴, 간단한 조리기기 ▶ A/S 확인되면 중고도 무방

무조건 새로 사야 할 장비

냉난방기, 제빙기, 포스기(또는 키오스크), 집기류, 커피 머신류

위생 관련 기기, 정밀도가 필요한 전기 오븐, 배기 시스템(주방 환기 등)

> **정리** 👍
> - 열기, 냉기, 배기처럼 '온도와 관련된 장비'는 되도록 새것으로, 구조물 성격의 장비는 중고도 무방하다.

❷ 장비 구매는 어디서 해야 하나요? (실전 구매처 가이드)

온라인 중고마켓: 번개장터, 다나와, 헬로마켓, 네이버 카페 '외식업 중고 장터'

오프라인 중고시장: 서울 황학동 주방거리 / 부산 범일동 / 대구 서문시장 / 인천 재래시장 주변

도매/할인 전문몰: 쿠팡비즈, 위메프비즈, 키친툴, 스마일시니어 등

> **팁** 👍
> - 중고는 가급적 '직접 보고' 구입하고, 신품은 '배송·설치·A/S 포함가' 기준으로 비교하라. 가성비보다 '이후 관리'를 보는 것이 중요하다.

❸ 구매 전 꼭 확인해야 할 6가지 체크리스트

규격 확인 : 설치 공간 치수, 도어 방향, 전기 용량(220V/단상/삼상 등)

소음/냄새/전기 소모량: 실제 구동 시 발생 소음, 환기 필요 여부

A/S 가능 여부 : 브랜드 정품 여부, 중고 시 A/S 가능 업체인지 확인

이전 사용 이력 : 사용 기간, 수리 이력, 누수/부식 여부

부속품 포함 여부 : 선반, 콘센트, 바퀴, 덮개, 조리도구 포함 여부
운송/설치 방법: 현장 설치 가능 여부, 비용 포함 여부 확인

> **정리** 👍
> - 제품 가격보다 중요한 것은 설치 후 '제대로 작동할 수 있느냐'이다.

❹ 사장님들이 흔히 당하는 실수 3가지

"새 기계면 다 좋은 거지" ▶ 실제로는 크기, 소비전력, 유지비가 안 맞아 애물단지

"아무거나 사도 되겠지" ▶ 포스기, 제빙기 등은 기종 차이로 월 5~10만 원씩 손해

"설치만 해주면 되는 거 아니야?" ▶ 환기 배기 라인, 급수 배수 미비로 매장 재공사 발생

P 치킨 매장은 후드와 배기 팬 사이 연결을 시공하지 않아 기름 연기가 매장 안에 퍼졌고, 결국 인테리어 공사 후 한 달 만에 배기 라인을 다시 뚫는 공사를 진행했다.

> **!** **염혜단의 한마디**
>
> "싸게 사는 것보다, 쓸 수 있는 걸 사는 게 중요합니다.
> 처음 장비는 '설치'가 아니라 '운영'을 기준으로 고르세요."

메뉴 가격 책정,
고객 심리와 수익률 중심으로

가격은 숫자가 아니다. 심리이자 전략이다.
많은 예비 사장님이 메뉴 가격을 정할 때 이렇게 말한다. "대충 이 정도면 되겠지요?", "옆집보다 천 원 싸게요." 그러나 가격은 절대 감으로 정하는 것이 아니다. 메뉴 가격은 고객의 지불 의사, 원가, 브랜드 이미지, 매장 회전율까지 모두 반영되어야 하는 전략적인 '심리 설계'다.

❶ **가격 책정, 어디서부터 시작해야 할까?**
첫 번째 기준은 '원가'다. 하지만 단순히 재료비만 보는 게 아니라, 포장비, 인건비, 임대료, 배달 수수료 등 모든 비용을 고려해 '전체 원가율'을 계산해야 한다.

식음료 업종의 적정 원가율 기준:
| 음식점: 30~35% | 카페: 25~30% | 배달 전문점: 35~40% |
원가만 고려하면 마진은 나오지만, 매출은 낮을 수 있다. 그래서 두 번째 기준이 '고객의 지불 심리'다. 고객은 단순히 음식값이 아니라

'경험'을 사는 것이기 때문이다.

예: 7,900원, 8,900원, 9,900원 ▶ 끝자리에 '900'을 붙이면 '만 원 미만'이라는 착시 효과로 구매 심리를 자극한다.

> **정리** 👍
> - 가격은 원가로 시작해, 고객 심리로 완성된다.

❷ 메뉴별 마진 구조를 분석하라

모든 메뉴가 다 같은 수익을 내지는 않는다. '메인 메뉴'는 이익을 적게 보더라도 고객을 끌어오는 역할을 하고, '사이드 메뉴'나 '추가 옵션'에서 높은 마진을 남기는 것이 이상적인 구조다.

대표 메뉴: 저마진·고회전 (예: 김밥, 커피)
고수익 메뉴: 고마진·저회전 (예: 감자튀김, 추가 샷)
실전 팁: 메뉴판 구성 시 고마진 메뉴는 '추천 메뉴'로 강조하거나, 세트 구성을 통해 자연스럽게 선택되도록 한다. 실사례로 한 파스타 전문점은 마진 높은 '에이드 세트'를 메인 메뉴와 묶어 판매하면서 평균 객단가를 3,000원 이상 높였다.

> **정리** 👍
> - 메뉴판은 메뉴의 나열이 아니라, 수익을 디자인하는 구조다.

❸ 고객은 가격이 아니라 '가치'에 반응한다.

가격을 내리면 고객이 늘어날 것 같지만, 실제로는 품질에 대한 불신이 더 커지는 경우도 많다. 가격을 싸게 하기보다는 고객이 납득할 수 있는 이유를 만들어줘야 한다. '프리미엄 재료 사용', '매장에서 매일 손질', '지역 최초 신메뉴', '혼자 먹기 좋은 구성이에요' 등.
M 카페는 커피 가격을 4,800원으로 책정했지만, '스페셜티 원두'라는 문구 하나로 고객의 반응이 달라졌다. 심지어 3,800원 커피보다 훨씬 많이 팔렸다.

❹ 테스트 오픈에서 가격 검증하라

정식 오픈 전 '가 오픈'(지인 초대 시범 운영) 을 통해 가격 적정성을 확인할 수 있다. 첫째 고객이 가격에 대해 반응하는지 확인, 둘째 단가 대비 재방문 가능성이 높은 메뉴 확인, 셋째 9,000원과 9,900원 중 어떤 쪽에 만족도가 높은지 조사

간단한 설문지 또는 QR 피드백을 통해 초기 반응을 수집하면, 메뉴나 가격을 유연하게 조정할 수 있다. 초기부터 완벽한 가격은 없다. 수정 가능한 유연성이 가장 큰 전략이다.

정리 👍
- 오픈 전 '데이터 기반 감각'을 키워야, 손해 보는 가격 설정을 막을 수 있다.

❗ 염혜단의 한마디

"가격은 숫자가 아닙니다. 고객에게 보여주는 우리의 태도이자, 매출을 설계하는 전략입니다."

배달 매장 오픈 전,
반드시 해야 할 3가지

배달은 등록한다고 팔리는 게 아니다. 오픈 준비가 매출을 좌우한다.
배달 매장을 오픈하면서 가장 많이 듣는 오해는 "배달앱에만 등록하면 주문이 알아서 들어오겠지"라는 착각이다. 하지만 현실은 다르다. 아무리 좋은 메뉴, 좋은 가격이라도 '노출'되지 않으면 팔리지 않는다. 배달장사는 입점보다 오픈 준비가 성패를 가른다.

이 부록에서는 배달 매장을 열기 전 반드시 준비해야 할 3가지 핵심 항목을 실전 중심으로 정리했다.

❶ 등록만 하지 말고, '노출 최적화' 세팅을 하라

배달의민족, 요기요, 쿠팡이츠에 입점하는 것으로 끝나지 않는다. 등록 이후 첫 2주가 승부처다. '노출'에 따라 초기 매출이 좌우되기 때문이다.

대표사진: 조명, 구도, 배경, 음식의 윤기까지 완성도 있게 촬영해야 클릭률이 올라간다

매장 설명글: 스토리와 차별점 강조(예: "100% 제주산 생고기만 사용")

리뷰 이벤트 공지: 오픈 첫 주에 리뷰 달면 사이드메뉴 제공 등 혜택 제시
해시태그 등록: 지역명, 음식명, '혼밥', '매운맛 덕후' 등 검색어 중심 설정

> **정리** 👍
> - 배달앱은 검색 플랫폼이다. 노출을 위한 세팅이 고객의 첫 주문을 만든다.

❷ 리뷰는 '자연스럽게' 모아야 한다. 하지만 전략이 필요하다

오픈 초기 리뷰가 없으면 신뢰도와 주문율 모두 떨어진다. 하지만 친구, 가족에게 억지로 시켜서 단 리뷰는 고객에게 역효과가 난다. 중요한 것은 '리뷰 요청'보다 '리뷰 유도 장치'를 만드는 것이다.

- **포장지에 리뷰 유도 문구 넣기**
  예: "사장님의 정성, 리뷰로 알려주세요 ^^"
- **주문자명 기억해 응답하기**
  예: "○○님, 이번에도 주문 감사드립니다! 요청하신 매운맛으로 맞췄어요 :)"
- **베스트 리뷰 선정 후 SNS에 공유**

리뷰가 콘텐츠가 되면 또 다른 고객 유입 창구가 된다.

실사례: 광명에 있는 덮밥 배달 전문점 A는 손편지와 스티커를 활용해 오픈 첫 주에만 26건의 리뷰를 모으며 '신규 인기 매장'으로 등록되었다.

> **정리** 👍
> - 리뷰는 고객의 언어로 매장을 홍보해주는 가장 강력한 마케팅 도구다.

❸ 배달 매장 전용 '셋업 매뉴얼'을 만들어야 한다

배달 장사는 실수가 치명적이다. 음식이 쏟아지거나, 메뉴가 누락 되거나, 식은 상태로 배달되면 단 1건의 리뷰로 매출이 꺾일 수 있다. 그래서 오픈 전부터 철저한 셋업 매뉴얼이 필요하다.

배달 매장 체크리스트

- 포장 패키지 선택 (가벼움+밀폐력+비용 고려)
- 배달 경로에 따른 이동 흔들림 테스트
- 메뉴 조리 후 10분 경과 시 품질 유지 확인
- 주문 접수 ▶ 조리 ▶ 포장 ▶ 배달 기사 호출 흐름표 만들기

리뷰 대응 매뉴얼 작성: 좋은 리뷰/나쁜 리뷰 시 응답 예시 준비

> 정리
> - 배달 장사의 핵심은 '포장+동선+커뮤니케이션' 삼박자에 있다.

염혜단의 한마디

"배달은 메뉴가 아니라, 시스템이 성패를 가릅니다.
준비된 배달 매장만이 초반부터 매출을 만들 수 있습니다."

첫 직원을 뽑을 때
꼭 물어야 할 5가지 질문

사장님의 첫 알바, 뽑을 땐 설렘이 아니라 기준이 있어야 한다

창업 전, 많은 예비 사장님이 가장 많이 하는 실수 중 하나는 직원 채용을 '운'에 맡기는 것이다. 누가 소개해 줬다거나, 급하니까 그냥 면접도 없이 쓰는 경우도 많다. 하지만 첫 직원이 가게의 분위기를 좌우하고, 매출에도 영향을 주는 경우가 많다. 오픈 초기의 시스템이 제대로 정착되지 않으면, 이후 문제가 발생했을 때 바로잡기 어려워진다.

그래서 창업 전 준비 단계에서 반드시 알아야 할 것이 바로 '직원 채용 실전 체크리스트'다. 특히 첫 알바나 첫 직원을 뽑을 때는 단순히 성격이 좋다거나, 경력이 있다는 이유만으로 판단해서는 안 된다. 아래 내용을 꼭 참고해 체크하고 뽑아야 한다.

❶ 채용 채널은 어디가 가장 효과적인가?

대부분의 예비 사장님은 알바몬이나 잡코리아 같은 포털을 먼저 생각한다. 하지만 로컬 중심의 매장에서는 오히려 '지역 커뮤니티'가 훨씬 효율적이다. 매장 인테리어 기간에 매장 앞에 구인 광고를 부착하거나 당근마켓, 동네방네 등 커뮤니티 채널은 출퇴근 거리도 짧고 오래 일할 가능성 높은 인력을 구할 수 있다. 성수동 샌드위치 매장은 잡코리아에서 매번 다른 지역 알바가 지원해 출퇴근 문제로 2주도 못 버티는 경우가 많았는데, 이후 성수동 맘카페에서 알바를 구한 뒤에는 1년 넘게 안정적으로 근무했다. 직원 구인에도 상권 맞춤 전략이 필요하다. 지역 채널 활용이 오래가는 알바를 뽑는 지름길이다.

❷ 면접 시 반드시 물어야 할 5가지 질문

이전 알바에서 어떤 일을 했고, 기억에 남는 경험은 무엇인가요?
   ▶ 업무 숙련도뿐 아니라, 고객과의 관계, 일에 대한 태도를 파악할 수 있다.

장단점이 무엇인가요?
   ▶ 자아 인식이 있는 사람은 문제 발생 시 빠르게 교정된다.

이전 일자리에서 어려웠던 점은 무엇이었고, 어떻게 극복했나요?
   ▶ 문제 상황 대처 능력과 책임감이 드러난다.

주중/주말 어느 요일이 가장 안정적으로 근무 가능한가요?
   ▶ 스케줄 충돌을 미연에 방지한다.

이 가게에서 일하게 된다면 가장 기대하는 부분은 어떤 건가요?
   ▶ 단순한 시급보다 '가게에 대한 관심'이 있는지 확인할 수 있다.

이 5가지 질문으로 알바의 성향, 태도, 책임감까지 체크 가능하다. 면접은 채용의 70%다.

❸ **알바 계약 전에 꼭 확인해야 할 3가지 실무**
근로계약서 반드시 작성: 나중에 주휴수당, 최저임금 분쟁 시 결정적인 증거가 된다.
업무 매뉴얼 정리된 1장짜리 교육지침서 제공: 예) 위생, 인사, 주문 순서, 복장 등.
출퇴근 시간 기록 방법 정하기: 출근 카드, 메모장, 네이버 캘린더 등 어떤 방식이든 기준이 있어야 한다.

실제 사례로, 프랜차이즈 디저트 가게를 운영한 한 창업자는 첫 알바에게 계약서를 쓰지 않고 구두로만 합의했는데, 두 달 후 퇴사하면서 주휴수당과 초과 근로비를 요구당해 결국 수십만 원을 더 지불 했다. 시스템 없이 시작한 가게는 '사장 좋은 일만 시켰다'는 말이 남는다. 처음부터 기준이 필요하다

염혜단의 한마디

"알바가 아니라, 고객을 함께 응대할 '동료'를 뽑는 겁니다.
사장의 첫 기준이 매장을 결정합니다."

프랜차이즈 가맹점 선택 시
반드시 고려해야 할 5가지

프랜차이즈는 브랜드가 아니라 시스템을 보고 선택하라
치킨, 커피, 분식, 디저트… 프랜차이즈 창업은 '처음 장사하는 사람'에게 가장 익숙하고 쉬워 보이는 길이다. 본사의 메뉴, 인테리어, 마케팅까지 따라 하면 되니 '실패할 리 없다'고 생각하기 쉽다. 그래서인지 대한민국에서 자영업을 시작하는 사람 중 절반 이상은 프랜차이즈를 선택한다. 하지만 그중 상당수는 2년 안에 폐업한다.

결론은 프랜차이즈 창업도 절대 '쉽게' 하면 안 된다는 것이다. 본사만 믿고 계약했다가 오픈 후 갈등을 겪고, 투자금도 못 건진 채 나오는 가맹점주를 수없이 봤다. 브랜드가 예쁘고 매장이 많다고 다 좋은 게 아니다. 프랜차이즈는 겉이 아니라 '속'을 봐야 한다. 내가 그 시스템을 빌려 쓸 만한 가치가 있는지를 냉정하게 따져봐야 한다.

이제부터 그 진짜 체크 포인트를 하나하나 짚어 보도록 하겠다. 우리나라 자영업 창업의 절반 이상은 프랜차이즈에서 시작된다. 식음료뿐 아니라 카페, 디저트, 편의점, 심지어 세탁소나 무인 운영 매장까지 다양한 분야로 확대되며, 매년 수천 개의 신규 브랜드가 생기고 사라지고 있다. '누구나 장사를 할 수 있다'는 장점 덕분에 많은 창업자가 프랜차이즈를 선택하지만, 잘못된 판단으로 후회하는 경우도 적지 않다.

'성공한 매장이 많으니까', '광고에 자주 나오니까', '지인이 한다고 하니까'라는 이유만으로 가맹 계약을 결정했다가는 낭패를 볼 수 있다. 프랜차이즈는 '브랜드를 사는 게 아니라, 본사의 시스템을 빌리는 것'이다. 그 시스템이 실제로 작동하는지, 내 사업에 도움이 되는지를 꼼꼼히 따져야 한다. 이 부록에서는 프랜차이즈 가맹 계약 전 반드시 검토해야 할 핵심 기준을 실제 사례와 함께 정리했다. '좋아 보이는 브랜드'보다 '실속 있는 본사'를 고르는 것이 현명한 선택이다.

❶ 본사의 수익 구조가 가맹점 수익에 얼마나 연동되어 있는가?

프랜차이즈 본사가 어떤 방식으로 수익을 내고 있는지를 확인해야 한다. 많은 본사가 가맹비, 교육비, 인테리어비, 로얄티 등 다양한 방식으로 수익을 내는데, 이 수익 구조가 지나치게 본사 중심이라면 가맹점은 장사를 아무리 잘해도 수익이 남지 않는다.

- 필수 구입 품목이 시중가보다 지나치게 비싸지 않은가?
- 광고비와 마케팅비는 실질적으로 가맹점에 도움이 되고 있는가?
- 로얄티 외에 숨은 비용이 없는가? (예: 관리비, 장비 유지비 등)

Check Point 👍
- 본사의 수익이 '내 매출'이 아니라 '내 비용'에서 나오고 있다면 위험 신호다.

❷ 교육 시스템과 슈퍼바이저(SV) 시스템의 실효성

프랜차이즈의 핵심은 '나처럼 장사해 본 적 없는 사람도 성공할 수 있도록 돕는 시스템'이다. 그런데 교육이 형식적이거나, 현장 지원이 부족하면 그 브랜드의 가치는 반감된다.

- 창업 전 교육은 몇 시간, 며칠 동안 어떤 방식으로 진행되는가?
- 오픈 이후 슈퍼바이저가 몇 번이나 방문하며, 어떤 지원을 하는가?
- 메뉴 운영, 위생, 고객 응대, 클레임 처리 등 실전 문서가 준비되어 있는가?

> **Check Point** 👍
> - '이론'보다 '실습' 중심, '1회성'보다 '지속적인 관리'가 핵심이다.
> - 특히 오픈 후 현장 교육을 잘 체크해야 한다.

❸ 상권 분석과 출점 정책의 신뢰성

프랜차이즈 본사가 출점을 결정할 때 얼마나 체계적으로 상권을 분석하는지는 가맹점 성공률에 결정적인 영향을 준다.

- 내 상권에 적합한 업종과 브랜드인지 분석해 주는가?
- 경쟁 매장, 유동 인구, 주거 vs. 오피스 여부에 따라 전략이 제시되는가?
- 반경 보호 거리(출점 제한 거리)가 정책적으로 보장되는가?

S 브랜드는 같은 반경에 같은 브랜드 매장을 두 개 이상 출점시켜 가맹점 간 출혈 경쟁을 유도했고, 결국 모두 수익을 내지 못했다.

> **Check Point** 👍
> - 브랜드 선택 전에 내 상권 분석부터 먼저 받는 것이 중요하다.

❹ 마케팅·브랜딩 시스템의 강도와 실효성

프랜차이즈의 브랜드력은 결국 마케팅과 브랜딩 시스템이 어떻게 작동하느냐에 달려 있다.

- 본사 인스타그램, 블로그, 유튜브 등 채널 운영이 활발한가?
- 오픈 매장 홍보 지원이 있는가? (현수막, 이벤트, 블로그 체험단 등)
- 배달앱 리뷰 관리, SNS 후기 리그램 등 운영 지원이 체계적인가?

Check Point 👍
- SNS 계정의 관리 상태만 봐도 그 브랜드의 운영력을 파악할 수 있다.

❺ 기존 가맹점주의 진짜 이야기를 들어라

가장 중요한 정보는 '계약서'가 아니라 '현장'에 있다. 반드시 직접 기존 가맹점주를 만나 이야기를 들어보자.

- "매출이 잘 나오는 게 아니라, 내가 버틸 수 있나요?"
- "본사 말과 실제 운영 간의 차이가 있나요?"
- "이 브랜드, 다시 선택하시겠어요?"

팁 👍
- 매출 규모보다 '운영 만족도', '문제 발생 시 본사의 대응', '재계약 의사'가 가장 중요한 포인트다.

염혜단의 한마디 ❗

"브랜드의 겉모습보다, 시스템의 속살을 보세요.
프랜차이즈 선택은 감이 아니라, 검증입니다."

에필로그

망하지 않는 가게를 꿈꾸며

에필로그

망하지 않는 가게를 꿈꾸며

이 책을 쓰면서 참 많은 감정이 오갔다.

처음엔 단순히 나의 20년 외식업 경험을 정리하려는 마음이었다.

하지만 한 줄, 한 줄 써 내려갈수록 그동안 내가 마주해 온 수많은 사장님의 얼굴이 하나씩 떠올랐다.

매장 오픈을 앞두고 설렘에 눈을 반짝이던 초보 사장님, 매출이 떨어지며 점점 지쳐갔던 중년의 사장님, 직원 문제와 비용 압박 속에 버텨보려 애쓰던 어느 부부, 그리고 결국 폐업을 결심하고 조용히 간판을 내리던 사장님의 무거운 뒷모습까지.

나는 이 책을 읽고 있는 지금의 당신이 어떤 상황에 처해 있는지는 모른다. 하지만 한 가지는 분명히 안다.

당신은 이 가게를 잘 운영하고 싶고, 반드시 성공하고 싶어서 이 책을 펼쳤을 것이다.

장사는 결코 쉬운 일이 아니다.
예측할 수 없는 손님의 반응, 끊임없이 오르는 임대료와 인건비, 변화하는 트렌드와 플랫폼 환경 속에서 사장님들은 매일 살아남기 위해 수없이 많은 결정을 내려야 한다.
그 과정에서 누구에게도 쉽게 고민을 털어놓지 못한 채, 혼자만의 싸움을 이어가는 이들이 대부분이다.

나는 알고 있다.
"매출이 오르지 않아요."
"배달을 해야 할까요, 아니면 홀에 집중할까요?"
"직원을 어떻게 관리해야 할지 모르겠어요."
"광고비가 부담인데, 마케팅은 꼭 해야 하나요?"
많은 사장님이 묻는 이 질문들은, 단지 운영상의 고민이 아니라 생존과 직결된 절박한 물음이라는 걸.

이 책은 그 모든 질문에 완벽한 정답을 주지는 못한다. 하지만 망하지 않는 길, 실패 확률을 줄이는 전략, 그리고 지속 가능하게 버티고 성장하는 방법은 전해줄 수 있다고 믿는다.

나는 지난 20여 년간 수많은 사장님과 만나며 똑같은 장면을 수없이 지켜봤다. 정말 열심히 했지만 결국 폐업을 선택해야만 했던 사장님들. 그들은 장사를 몰라서 망한 게 아니다. 제대로 알려주는 사람이 없었고, 시행착오를 줄일 기회가 없었을 뿐이었다.

"그때 이것만 알았어도…"라는 그들의 마지막 말이, 늘 마음에 남았다.
그래서 나는 이 책을 썼다.
한 명이라도 더, 실패하지 않게 하기 위해.
하루라도 더 오래, 잘 버틸 수 있게 하기 위해.
이 책이 단순한 창업 지침서가 아니라 현장에서 부딪히며 얻은 기본적인 생존 전략서로 남기를 바란다.

또한 나는 이제 새로운 꿈을 꾼다.
각자의 매장마다 상황은 모두 다르지만, 정형화된 강의나 일회성 컨설팅만으로는 한계가 있다는 걸 느꼈다.

그래서 나는 앞으로 20여년간 쌓아온 마케팅 경험과 자영업 사장님들이 쉽게 쓰고 응용할 수 있는 AI를 접목하여 각 매장에 맞는 맞춤형 솔루션을 제공하는 '자영업 생존 학교'를 만들고자 한다. 이론이 아니라, 매출을 직접 올릴 수 있는 실전형 교육 프로그램. 무엇보다, 외로운 사장님들에게 "혼자가 아니다"라는 메시지를 주는 공간을 만들고 싶다.

함께 고민하고, 함께 전략을 세우고, 함께 살아남는 법을 찾을 것이다.
이 책이 여러분에게 작지만 단단한 희망이 되기를 바란다.

당신은 혼자가 아니다. 우리는 함께, 반드시 살아남을 것이다.
그리고 언젠가는, 함께 웃으며 성공을 이야기할 날이 올 것이다.

'자영업 생존 학교'에서 새롭게 만나는 그 날을 기약하며 ...

장사의기술

초판 1쇄 발행 2025년 6월 12일

지은이　염혜단
펴낸이　이옥겸
기획　김정희
디자인팀　오한결, 이현주, 박세라
마케팅　김정희

펴낸곳　도서출판 좋은피알
등록번호　제 2018-000029호
주소　서울시 중구 수표로 45 을지비즈센터 709호
전화　070-4616-4040
팩스　0505-898-1010
이메일　master@soyapr.com
홈페이지　www.soyapr.com

ISBN　979-11-993072-0-9 (03320)
가격　17,800원

* 잘못된 책은 바꾸어 드립니다.
* 이 출판물은 저작권법에 의해 보호를 받는 저작물이므로 무단전재와 무단 복제를 할 수 없습니다.